ΙΩΣΗΦ ΟΥΖΙΕΛ

Η ΥΠΕΡΒΑΣΗ

Γιατί Η Υπέρβαση Δεν Είναι Για Λίγους, Είναι Για Όλους

ΕΙΣΑΙ ΣΥΓΓΡΑΦΕΑΣ; ΓΙΝΕ ΕΚΔΟΤΗΣ!

ΣΤΙΣ **ΕΚΔΟΣΕΙΣ ΦΥΛΑΤΟΣ**

Copyright για ελληνική έκδοση
© Εκδόσεις Φυλάτος, © Fylatos Publishing, Θεσσαλονίκη 2014

Συγγραφέας: Ιωσήφ Ουζιέλ

Επιτρέπεται η αναδημοσίευση τμήματος του παρόντος έργου για λόγους σχολιασμού ή κριτικής. Επιτρέπεται η αναδημοσίευση περιορισμένων τμημάτων για επιστημονικούς λόγους, με υποχρεωτική αναγραφή του τίτλου του έργου, του συγγραφέα, του εκδότη, της σελίδας που αναδημοσιεύεται και της ημερομηνίας έκδοσης. Απαγορεύεται οποιαδήποτε διασκευή, μετάφραση και εκμετάλλευση, χωρίς αναφορά στους συντελεστές του βιβλίου και γραπτή άδεια του εκδότη σύμφωνα με το νόμο.
© Εκδόσεις Φυλάτος, © Fylatos Publishing
e-mail: contact@fylatos.com
web: www.fylatos.com
Σχεδιασμός Εξωφύλλου: © Εκδόσεις Φυλάτος
Σελιδοποίηση-Σχεδιασμός: © Εκδόσεις Φυλάτος
ISBN: 978-618-5123-20-8

Η ΥΠΕΡΒΑΣΗ

ΓΙΑΤΙ Η ΥΠΕΡΒΑΣΗ ΔΕΝ ΕΙΝΑΙ
ΓΙΑ ΛΙΓΟΥΣ ΕΙΝΑΙ ΓΙΑ ΟΛΟΥΣ

ΙΩΣΗΦ ΟΥΖΙΕΛ

Εκδόσεις Φυλάτος
Fylatos Publishing
MMXIV

«Σε σένα που στέκεσαι απέναντι μου κοιτώντας με στα μάτια....
σε όλους εσάς που πορευόμαστε μαζί στο μονοπάτι προς το Φως»

ΠΕΡΙΕΧΟΜΕΝΑ

Κανεισ δεν πρεπει να χαθει!	9
Αγαπη, Καρμα και Θεωση	12
Στη Μνημη οσων εφυγαν	20
Η Υπερβαση	22
Γλυκια Μανουλα	23
Το αρχετυπο της Μανας	25
Ο μονοσ συμμαχοσ ειναι η Καρδια	28
Ελκουμε αυτο που εκπεμπουμε	31
Ο ανθρωποσ γινεται ανθρωπινοσ	33
Να εισαι μονο ανθρωποσ	35
Μια γητεια που ελεγε η μανα μου	36
Ο Πυρριχιοσ Χοροσ	38
Οι ευχεσ εχουν φωσ	40
Η πορεια προσ το Φωσ	41
Οι επιλογεσ μασ	44
Η Αυρα	46
Η διαδρομη που δεν κανει λαθοσ	50
Η αληθινη γνωση	52
Ειμαι Ελευθεροσ	53
Η πραγματικη μορφη των οριων	57
Δημιουργικη σκεψη	61
Οι ταφοι των Θεων	64
Ασ	65
Να εισαι παντα Εσυ	66

ΚΑΙΝΟΥΡΓΙΑ ΠΕΔΙΑ ΕΥΦΥΪΑΣ	69
Ο ΦΟΒΟΣ	71
ΜΟΡΦΕΣ ΚΑΙ ΧΡΩΜΑΤΑ	73
ΕΚΕΙΝΗ Η ΜΑΓΙΚΗ ΣΤΙΓΜΗ	76
Η ΠΡΩΤΗ ΑΡΕΤΗ	78
ΕΝΑ ΒΗΜΑ ΠΙΟ ΒΑΘΙΑ ΜΕΣΑ ΣΟΥ	79
Η ΣΑΡΡΑ ΓΕΩΡΓΙΑ ΑΖΙΖΑ	83
Η ΔΙΑΔΡΟΜΗ	87
ΟΤΑΝ ΒΡΕΘΕΙΣ ΣΤΟ ΚΕΝΤΡΟ ΣΟΥ	88
ΜΗΝ ΑΝΑΖΗΤΑΣ ΚΑΤΙ ΠΟΥ ΔΕΝ ΕΙΣΑΙ	91
ΦΤΙΑΞΕ ΕΝΑ ΟΝΕΙΡΟ	93
ΑΥΤΟΙ ΟΝΟΜΑΖΟΝΤΑΙ ΟΝΕΙΡΕΥΤΕΣ	97
Η ΔΙΚΗ ΣΟΥ, ΜΟΝΑΔΙΚΗ, ΑΠΟΣΤΟΛΗ	101
ΑΡΕΤΕΣ	104
ΠΟΙΑΝΟΥ ΤΑ ΟΝΕΙΡΑ ΑΚΟΛΟΥΘΟΥΜΕ;	108

Κανεισ Δεν Πρεπει Να Χαθει!

Για την αγάπη, για όλους αυτούς που αγαπώ και θέλω στη ζωή μου.
Άραγε μπορώ να κρατήσω τη ζωή μου χωρίς αυτούς που αγαπώ;
Μπορώ να κρατήσω τη ζωή μου χωρίς εσένα... εσένα... εσένα... κι εσένα;
Χωρίς όλους αυτούς που θέλω να αγαπώ, να μ' αγαπούν;

Μπορώ να πάω στο Φως μονάχος;
Μπορώ να πάω στους Αγγέλους;
Τι θα πουν;
Μόνος εδώ;
Πού είναι οι φίλοι;
Οι αγαπημένοι;
Οι σύντροφοι;
Πού είναι;

Πού τους έχασες;
Σε ποιο σημείο;
Σε πια στροφή;

«Και πώς θ' αντέξεις τον παράδεισο μονάχος;» είπε ψιθυριστά ο Άγγελος, με το κεφάλι κατεβασμένο προς την Γη.
«Μα να γυρίσω πίσω, να τους βρω ακούστηκε η Ψυχή μου να φωνάζει».
Η ψυχή μου... η ψυχή μου... η ψυχή μου!
Το συμβόλαιο με τον Θεό και τους Αγγέλους.
Και αυτό πού τό 'χασα; Σε ποιο σημείο, σε ποια στροφή, σε ποιον έρωτα, σε ποιον θυμό, σε ποιον ανόητο αγώνα;

Όχι!
Συμβιβασμό δεν κάνω... όλους τους θέλω μαζί μου. Πίσω!
Αντίθετα από τον νόμο, την τάξη και το κάρμα.

Πίσω θα γυρίσω να τους μαζέψω όλους.
Όλους! Κανένας δεν πρέπει να χαθεί. Εκτός και αν θέλει! Εκεί θα σκύψω ευλαβικά, θα σεβαστώ. Θα φύγω.

Αλλά θα ξέρω ότι προσπάθησα. Προσπάθησα πολύ...

Και όπως ο Χριστός, θα περιμένω όλους να επιστρέψουν στο Σπίτι, στον Οίκο.
Όλους!
Και τελευταίος θα μπει ο διάβολος, γιατί και αυτός χρειάζεται.

Στο Γλέντι της επιστροφής, στον Αίνο, στον Ψαλμό, στη Σπορά, στη νέα Αναγέννηση του Σύμπαντος.

Στη νέα, τη δική μας Αναγέννηση.

ΑΓΑΠΗ, ΚΑΡΜΑ ΚΑΙ ΘΕΩΣΗ

Ναι, η σχέση σου είναι καρμική. Τον γνωρίζεις πολλές ζωές. Έχεις ζήσει μαζί του αλλάζοντας διαρκώς ρόλους. Εσύ γυναίκα, αυτός άντρας και το αντίθετο.
Όχι. Το ότι τον έχεις συναντήσει τόσες φορές δεν προεξοφλεί ότι η σχέση είναι καλή. Ούτε κακή.

Αν σε αγαπάει;

Η αγάπη μπορεί να είναι η αιτία να βρίσκεστε, αυτό όμως δεν προεξοφλεί ότι όλα είναι καλά. Μπορεί να συναντιέστε διότι υπάρχουν μεταξύ σας ανεκπλήρωτοι πόθοι, ή βιβλία που δεν έκλεισαν. Ακόμη και αν ο ένας πρόδωσε τον άλλο με μια απιστία.

Όχι, δεν είναι αμαρτία να γίνονται λάθη ή καβγάδες.
Ούτε ο θυμός είναι αμαρτία.
Αμαρτία είναι να είσαι μαζί του, ενώ η αγάπη στέρευσε.
Ούτε το παιχνίδι είναι αμαρτία, αν είστε ερωτευμένοι και αν αρέσει και στους δύο...
Αμαρτία είναι να κάνεις έρωτα μαζί του, ενώ δεν υπάρχει αγάπη.
Επίσης αμαρτία είναι να μένεις κοντά του, από φόβο μη μείνεις μόνη. Όχι, όχι, οι άνθρωποι δεν προσπαθούν. Νομίζουν ότι προσπαθούν! Απλά κοροϊδεύουν τον εαυτό τους... και τον άλλον.
Δεν προσπαθούν, απλά πιέζουν. Θέλουν πάντα να γίνεται το δικό τους.
Για να είναι όλα καλά, προϋπόθεση είναι να αλλάξει ο άλλος ή... πρώτα ο άλλος.
Να δείχνει πρώτος τα συναισθήματα, το ενδιαφέρον.
Να ασχολείται.

Να είσαι σε κάθε του σκέψη, σε κάθε του απόφαση.
Εεε, να είσαι, πώς να το πω... ρε γαμώτο, να μην σκέφτεται τίποτα άλλο παρά μόνον εσένα!

Συμφωνείς από ότι βλέπω, το βρήκα! Οκέυ. Μόνο εσένα να αγαπάει, καλό ακούγεται...

ποιος δεν το θέλει τέτοιο λαβράκι!
Αν συμφωνώ;
Όχι, δεν συμφωνώ καθόλου. Απαιτήσεις, απαιτήσεις, απαιτήσεις, όλα στο όριο της υπερβολής.
Δεν θεωρώ ότι η υπερβολή μπορεί να οδηγήσει κάπου.
Περισσότερα πράγματα μπορούν να γίνουν σε μία σχέση χαλαρώνοντας, αφήνοντας τον άνθρωπο που αγαπάμε να μην ξεκόψει από τη ζωή του και από τα όνειρά του.
Ναι! Σεβασμός σε όλα αυτά που έκτισε πριν από μας.
Θέλεις την αλήθεια;
Εγώ το λέω χυδαιότητα να έχεις άποψη ποιους άλλους πρέπει ν' αγαπά, εκτός από εσένα.
Δεν το καταλαβαίνω, δεν βγήκε από το λάχανο. Ζούσε πριν από εσένα, είχε φίλους, γονείς, αδέρφια, όνειρα. Το όμορφο είναι να ενταχθείς εσύ μέσα σε αυτά!
Αν τ' απορρίψει όλα, αυτό σημαίνει ότι όλη η ζωή του ήτανε ένα τίποτα. Και αυτό δεν είναι καλό ούτε για σένα.
Αυτός ο αγώνας που κάνεις, δεν οδηγεί πουθενά.
Οδηγεί σε μία διαρκή αγωνία, σε έναν διαρκή φόβο, σε έναν μόνιμο ανταγωνισμό με ό,τι ο άλλος κάνει. Όλα καταλήγουν να είναι άσχημα

και εχθρικά. Νομίζω όμως ότι η συζήτηση είναι λάθος.
Διεκδικείς με λάθος τρόπο. Το ερώτημα είναι, τι είναι αυτό που δεν γίνεται σωστά, και κάθε φορά η σχέση φτάνει σε αδιέξοδο.
Σε μία σχέση πρέπει να δώσουμε όσο χρόνο χρειάζεται ώστε να ριζώσει, να αναπτυχθεί, να ανθήσει.
Εφ' όσον ανθήσει, στο τέλος θα δώσει τους καρπούς!
Όπως ακριβώς συμβαίνει σε κάθε σπόρο.
Όταν αφήσουμε κάθε πράγμα να έρθει στην ώρα του, τότε η σχέση βαθαίνει, μαζί και οι ρίζες.

Η αγάπη ακολουθεί, και τότε γίνεται βαθιά, μεγάλη, μοναδική. Γίνεται ατόφια!

Όταν αφήσουμε τη σχέση να αναπτυχθεί, συμβαίνει κάτι μαγικό. Κάθε μέρα είναι σαν να ζούμε μια νέα μέρα. Όχι μια νέα επανάληψη.
Αυτό όμως θα συμβεί, αν επιτρέψουμε στον εαυτό μας και στον άλλον να αναπτυχθεί, να ριζώσει, να ανθίσει.
Και τότε, από μόνες τους, οι ρίζες των δυο μπλέκονται.
Μπλέκονται και οι κορμοί, ενώνονται τα κλαδιά.
Ακόμη και οι μυρωδιές από τα άνθη ενώνο-

νται, δημιουργώντας εξαίσιες ευωδιές, μοναδικές.
Και αυτό συμβαίνει, γιατί η ανάπτυξη έγινε από μόνη της, γιατί η ένωση ήταν ένα φυσικό επακόλουθο.
Γιατί δεν ήταν μια αναγκαστική διαδικασία.

Αναρωτήθηκες ποτέ γιατί τα παιχνίδια έχουν κανόνες;
Για να έχουν αρχή και τέλος!
Έτσι και η σχέση, όσο περισσότεροι κανόνες μπαίνουν, τόσο και η διάρκεια μικραίνει.
Ακόμη και αν επιβιώσει, καταλήγει να είναι κάτι χωρίς ουσία, χωρίς αγάπη, χωρίς όνειρα.
Σαν ένας νεκρός που αναπνέει.
Στο τέλος, αντί για δένδρο, η σχέση καταλήγει να 'ναι μπονζάι.

Συχνά οι άνθρωποι ρωτούν μετά από λίγο, χωρίς ακόμη να έχουν γνωριστεί. «Μ' αγαπάς;»
Και τότε ακούγεται το πρώτο ψέμα.
«Ναι! Σ' αγαπώ!» Και αρχίζει το ένα ψέμα πίσω από το άλλο.
Τι μπορείς να αγαπάς χωρίς να δεις, να νιώσεις, να αισθανθείς, να ζήσεις;

Μην το πεις διαίσθηση, απλά θα κοροϊδεύεις τον εαυτό σου.
Ακόμη και αν η σχέση είναι καρμική, θέλει

τον χρόνο της μέχρι να ανθήσει.
Αν η αγάπη έρθει τόσο γρήγορα, τόσο γρήγορα θα φύγει.
Όταν πραγματικά είσαι έτοιμος, κάποια στιγμή κάνεις το άλμα.
Χωρίς κανέναν περιορισμό σε αυτό, χωρίς υπόσχεση, χωρίς «πρέπει», χωρίς «ίσως», χωρίς κανόνες.

Είναι ανόητο να επιζητούμε εξ' αρχής την αγάπη.
Αυτό που πρέπει να επιζητούμε είναι το βάθος. Και το βάθος δεν έρχεται ποτέ με κανόνες, είναι ακριβώς αυτό που είπε ο Χριστός.
«Μόνο ο σπόρος που έπεσε σε γόνιμο έδαφος θα καρπίσει, όλοι οι άλλοι, είναι καταδικασμένοι σε θάνατο. Άλλοι δεν θα βγουν ποτέ, και άλλοι δεν θα έχουν χώμα για να βγάλουν ρίζες».

Και βέβαια το άλμα μπορεί να γίνει κάθε στιγμή.
Καμία σχέση δεν είναι καταδικασμένη, απλά θέλει μια νέα αρχή και από τους δύο.
Το μόνο που χρειάζεται είναι να υπάρχει ακόμη αγάπη. Ακόμη και αν άλλαξε μορφή ή σχήμα.
Το άλμα είναι η νέα αναζήτηση, χωρίς κανόνες σε μια νέα αρχή, ψάχνοντας τι θα φέρει τη χαρά, τη νέα ευτυχία. Όχι σε μας αλλά στον άλλον.

Και τότε αρχίζουν και αναπτύσσονται οι ρίζες. Η σχέση αρχίζει να βαθαίνει, και η αγάπη να φέρνει τη μεταμόρφωση, την αλλαγή.
Αν όμως έχει χαθεί η αγάπη, δεν γίνεται τίποτα!
Το μόνο που μένει, είναι μια νέα προσπάθεια, με άλλον άνθρωπο.
Αν υπάρχει αγάπη τότε όλα μπορούν να γίνουν. Με μια νέα αρχή, χωρίς κανόνες. Αλλιώς μια από τα ίδια!
Αν έπαψε, τότε λυπάμαι, δεν επιτρέπεται τίποτα πια. Κάθε τι είναι ανήθικο, χυδαίο.

Βέβαια, το άλμα απαιτεί θάρρος. Θάρρος και αγάπη για τον άλλον.
Υπάρχει μόνο ένας κανόνας.
«Ανάμεσα στους δύο δεν πρέπει να υπάρχουν μυστικά. Αλλιώς η αγάπη δεν στεριώνει».
Για να συμβεί όμως αυτό θα πρέπει να ισχύουν όλα τα άλλα, ο σεβασμός, η ελευθερία κ.λπ.
Θα πρέπει όλα να γίνουν διάφανα. Τότε όλα θα γίνουν θεϊκά.
Και όταν όλα αυτά συμβούν, έρχεται η αποκάλυψη.
Συναντά ο εσωτερικός Άντρας την εσωτερική Γυναίκα και γίνεται η ένωση του Σίβα με την Σάκτι, σε μια αιώνια ένωση.
Τότε η Ένωση, κάθε φορά που συναντιούνται δεν είναι αποτέλεσμα ενός νόμου, ούτε του

κάρμα. Δεν είναι από μισά βιβλία, ούτε από πάθος.

Είναι μια φυσική διαδικασία, μια έλξη χωρίς περιορισμούς και χωρίς όρια. Είναι σαν την αναπνοή. Δεν προσπαθείς γι' αυτήν. Έρχεται και φεύγει από μόνη της. Είναι απαλή σαν το χιόνι. Σαν το νερό που, χωρίς προσπάθεια, κυλάει στο ρυάκι.

Ο ένας ακολουθεί τον άλλο σαν μαγνήτης. Τότε οι ρόλοι δεν αλλάζουν, άνδρας ο ένας, γυναίκα η άλλη. Έχουν πια βρει τον ρόλο τους. Κάθε φορά που θα κατέβουν, θα 'ναι μαζί!

Όπως η μάνα ξεχωρίζει το παιδί της, έτσι και ο Ένας ξεχωρίζει τον Άλλον. Και σε αυτή την ένωση δεν υπάρχουν εμπόδια, ούτε «πρέπει», ούτε όροι.

Ο ένας σέβεται τον άλλον, ο ένας ζει για ν' ανθίσει ο άλλος.

Το μέλημα του καθένα είναι, να είναι ο άλλος γαλήνιος, χαρούμενος, ευτυχισμένος. Γίνεται ο ένας μάγος, θεραπευτής, σκάλα που οδηγεί στο Φως. Όταν ανέβει ο ένας ακολουθεί και ο άλλος.

Μέχρι να έρθει η θέωση θα είναι μαζί. Μαζί θα πάνε στον Θεό. Μαζί θα κατοικήσουνε, μαζί θα φτιάξουν σύμπαντα, ο ένας αρσενικός θεός και θηλυκός ο άλλος, σαν κτίστες, για να φτιάξουν ό,τι ο Θεός ορίζει για το Σύμπαν.

Στη Μνημη οσων εφυγαν

Σαν σήμερα ξεκίνησε από τη Θεσσαλονίκη ο πρώτος συρμός για τα στρατόπεδο Άουτβιτς - Μπιρκενάου. Συνολικά 50.000 Εβραίοι της Θεσσαλονίκης οδηγήθηκαν στα στρατόπεδα του θανάτου.

Ίσως σε αυτό το πρώτο τρένο να ήταν μέσα η μητέρα του πατέρα μου, (η δική μου γιαγιά, που δεν ένιωσα το χάδι της, ούτε είδα το χαμόγελό της) μαζί με τις δύο αδερφές του πατέρα μου.

Δεν θα μάθω ποτέ με πιο τρένο έφυγαν και ίσως, πλέον, να μην έχει καμία σημασία.

Σημασία έχει ότι όταν συμβεί κάτι τέτοιο, λείπει κάτι από τη ζωή σου κάτι από μέσα σου. Λείπει ένα κομμάτι της ψυχής σου, της ύπαρξής σου, της όμορφης ιστορίας σου.

Όταν κάποιες φορές νιώθεις αυτή την έλλειψη τα μάτια γεμίζουν δάκρυα. Δάκρυα όμως που δεν φέρνουν κάθαρση, ούτε λύτρωση. Φέρνουν μόνο πόνο. Αυτόν τον πόνο που γνωρίζει μόνο όποιος έχει ξεριζωθεί ή ανήκει σε αυτούς που κουβαλάνε ξεριζωμό μέσα τους.

Κάθε φορά που συναντώ ένα Μνημείο Πεσόντων ή Ξεριζωμού, αισθάνομαι την ανάγκη να σκύψω ευλαβικά το κεφάλι.

Γιατί, για μένα, αυτό είναι «το σημάδι» ότι κάτι λείπει από την ψυχή και τη ζωή κάποιου άλλου ανθρώπου.

Λείπει ο παππούς, η γιαγιά, ο θείος, ο αδερφός, ο αγαπημένος, ένα σπίτι, μία γειτονιά.

Εύχομαι όλοι μας να μάθουμε να σεβόμαστε τις ιδιαιτερότητες που έχει ο κάθε άλλος. Εύχομαι να έχουμε το θάρρος να αντιστεκόμαστε όταν συμβαίνουν τέτοια πράγματα, ακόμη και όταν πρέπει να υπερασπιστούμε ανθρώπους που είναι ξένοι ή δεν μας είναι συμπαθείς.

Σήμερα νιώθω την ανάγκη να περπατήσω μαζί με όλους τους άλλους της Φυλής μου, την ίδια διαδρομή που έκαναν εκείνοι.

Από την πλατεία Ελευθερίας στον Παλιό Σταθμό, σαν το ελάχιστο που μπορώ να κάνω γι' αυτούς.

Η Υπερβαση

Γιατί μπορούμε...
Γιατί μπορούμε, είναι στην φύση μας να κάνουμε υπερβάσεις.
Γιατί ο καθένας μας βρίσκεται εδώ σε θεϊκή αποστολή.
Γιατί μπορούμε να φτάσουμε το Φως.
Να το ερωτευτούμε... να μας ερωτευτεί... να γίνουμε Ένα.
Γιατί είμαστε πλασμένοι για Μεγάλα... Θεϊκά... Μοναδικά...
Γιατί είμαστε Θεοί... από Θεό πλασμένοι.
«Εγώ είπα, Θεοί έστε και υιοί Υψίστου πάντες».
Γιατί η υπέρβαση δεν είναι για λίγους, είναι για Όλους.

ΓΛΥΚΙΑ ΜΑΝΟΥΛΑ

Από την αδερφή μου Βικτώρια στη μητέρα μας:
«Σαν σήμερα πριν πέντε χρόνια».
Στη μάνα των πολλών, Σάρρα Γεωργία Αζίζα Ουζιέλ πέντε χρόνια μετά, μανούλα, σκουπίζοντας τα τζάμια από τη βροχή των χρόνων, ένιωσα πως το ταξίδι προς το φως του ήλιου είναι μεγάλο.
Αλήθεια, πέντε χρόνια μετά, ποιος θεϊκός ναός αγκαλιάζει την ομορφιά της ψυχής σου;
Με την γαλάζια γραμμή του ουρανού να μας ενώνει, συναντηθήκαμε εδώ, κοντά σου όλοι, όπως πάντα.

Στην αυλή της μεγάλης σου αγκαλιάς, μια μπλε μολυβιά, μια ευθεία μόνο, και το χάδι σου φτάνει βαθιά στην ψυχή μας ακόμα.

Στις νότες της ψυχής σου, ηχούσαν πάντα γλυκά τα ονόματά μας και τα πόδια μας έτρεχαν να σε βρουν.

Σήμερα πια, μεγάλα παιδιά, πορευόμαστε στα δικά σου βήματα, αυτά που αγίασαν τη ζωή μας και της έδωσαν νόημα.

Ιερό κειμήλιο τα σοφά σου λόγια. Έτσι θυμάμαι τη μάνα μου!

Να ανθίζουν οι αμυγδαλιές στο πέρασμά της, να υποκλίνεται στα μάτια μου, για εκείνη, η φύση.

Και να θυμίζουν άνοιξη τα όμορφα, δυνατά της μάτια!

Μανούλα, είμαστε εδώ ενωμένοι, τα παιδιά σου, τα εγγόνια σου, τα παιδιά της καρδιάς σου και της έγνοιας σου.

Αυτή η μάνα, που ξαγρυπνά ακόμα και σήμερα για όλους μας, και μας ξαναγεννά, με τη θεραπευτική ευωδιά του ευκάλυπτου και της λεμονιάς, στον ζεστό σου κόρφο.

Δεν υπάρχει λησμονιά!

Μόνο η γλυκιά σου μνήμη, ανέπαφη, ισχυρή, αγαπημένη, σαν την άγια ψυχή σου.

Σε φιλώ γλυκά, στον νου και στην καρδιά μου, και είμαι πάντα περήφανη.

Γιατί κάθε φορά νιώθω, πως έχοντας για μάνα μας εσένα, έχουμε βρει τον λόγο να δικαιώσουμε για πάντα το μεγαλείο της αγάπης.

Το αρχετυπο της Μανας

Άραγε, σε τι διαφέρει ο θρήνος αυτής της μάνας, από την άλλη μάνα που έχει μορφή ανθρώπινη;
Άραγε, αυτόν τον θρήνο δεν βλέπουμε κάθε φορά με τη βοήθεια των ντοκιμαντέρ όταν κάποιο ζώο κλέβει τα νεογνά κάποιου άλλου πουλιού;
Άραγε, αυτόν τον θρήνο δεν βιώνει κάθε αγελάδα, κάθε αρνί, κάθε ζώο όταν ο άνθρωπος, σαν το χειρότερο αγρίμι, του κλέβει το παιδί του για να το φάει;

Πόσο τρομαχτικά χυδαίο είναι να βλέπουμε ατάραχοι «ζώα – παιδιά» να πωλούνται ως ερίφια ή ως αρνάκια γάλακτος;
Πόσο ακόμη πιο χυδαίο μπορεί να είναι, μία μάνα που λέει ότι θα έκανε το παν για το παιδί

της, να συμμετέχει στον θάνατο παιδιών άλλων μανάδων;

Ποια μάνα από το είδος μου, θα κουβάλαγε ακόμη σάπιο το σώμα του παιδιού της;

Είναι ανόητο να θεωρούμε ότι το δελφίνι πιστεύει ότι το παιδί του ζει.

Άρα η πράξη του έχει να κάνει με κάτι πιο βαθύ.

Του είναι αδύνατον να επιτρέψει το νεκρό σώμα του παιδιού που αγαπά, να γίνει βορά από άλλα ζώα.

Άραγε, πόσο χυδαία είναι η θρησκεία των Εβραίων, των Μουσουλμάνων, των Χριστιανών, (των αρχαίων Ελλήνων), που θέλουν το πνεύμα του ανθρώπου αθάνατο, αλλά, παράλληλα, θέλουν φθαρτό αυτό που ζει και υπάρχει μέσα στο ζώο;

Δεν σκύβω μόνο Ευλαβικά, μα Προσκυνώ.

Θαυμάζω αυτό το ζώο που μέσα από την πράξη του περνά στο Θείο και Θεώνεται, χωρίς να πρέπει να γίνει άνθρωπος.

Για εμάς τους άλλους, ακόμη μικρούς στην αναζήτηση, είναι μάταιο το ψάξιμο του Θεού, του Θείου, των Αγγέλων, της ηθικής, όταν ακόμη δεν μάθαμε τον σεβασμό για τη Ζωή, το Αρχέτυπο της Μάνας σε όποια μορφή επιθυμεί να εκδηλωθεί.

Και βέβαια πιο πάνω από όλα τα άλλα, σε ότι μπορεί να αισθανθούμε σε αυτό που λέμε παιδί, παιδί μου, παιδί του, παιδί του Θεού, παιδί των Αγγέλων, κάθε Παιδιού.

Με απόλυτο Σεβασμό σε αυτό το «ζώο» που ξεπέρασε τον άνθρωπο σ' αγάπη και σε Θέωση!

Αρχική έμπνευση του κειμένου ήταν το παραπάνω βίντεο στο internet, που φανερώνει ένα δελφίνι να κουβαλά το μικρό δελφινάκι-μωρό της πεθαμένο σε μια προσπάθεια να το τιμήσει, να το απομακρύνει, να το θάψει ίσως... Γιατί το δελφίνι-μάνα είναι αδύνατον να επιτρέψει το νεκρό σώμα του παιδιού που αγαπά, να γίνει βορά από άλλα ζώα.

(Σκανάρετε ή φωτογραφίστε το QR code για μετάβαση στο βίντεο.)

Ο ΜΟΝΟΣ ΣΥΜΜΑΧΟΣ ΕΙΝΑΙ Η ΚΑΡΔΙΑ

Γερνάμε...
Γερνάμε.
Κάθε φορά που επιτρέπουμε κάποιος να πάρει τα όνειρά μας.
Κάθε φορά που αφήνουμε το όνειρο να σβήσει.
Κάθε φορά που αφήνουμε τον φόβο, να πνίξει το όνειρο.
Κάθε φορά που, δειλά, το βάζουμε στα πόδια αφήνοντας το όνειρο σε ξένα χέρια.

Και κάθε φορά που χάνουμε ένα όνειρο, χάνουμε και ένα κομμάτι από την ορμή μας, χάνουμε μια αράδα από το συμβόλαιο της ψυχής μας, και τότε θαμπώνει το πνεύμα.

Είναι σαν το διαμάντι που χάνει τη γυαλάδα του.

Και όταν το όνειρο χαθεί, χάνεις τον δρόμο!
-Από πού πάω;
-Πού θες να πας;
-Όπου να 'ναι, δεν έχω όνειρο να πάω κάπου.
-Νομίζω ότι πια δεν έχει σημασία ποιον δρόμο θες να πάρεις...

Γερνάμε διότι, απλά, αφήσαμε όλα τα όνειρα να σβήσουν.
Και κάθε φορά που σβήνει από τη λίστα μια ευχή, ένα ακόμη όνειρο, η απογοήτευση γίνεται πιο δυνατή, μας πλημμυρίζει, σαρώνοντας τα πάντα στο πέρασμά της.
Και τότε ο μόνος σύμμαχος που απομένει, είναι η Καρδιά!
Αυτή φυλά όλα τα όνειρα που κάναμε. Κρατά τα πρότυπα για να μπορούμε εμείς να καίμε τα αντίγραφα κάθε φορά που τρέξαμε, δειλά, να φύγουμε.
Αυτή φυλά κάθε αυθεντικό συναίσθημα που εκπέμψαμε.
Κρατά τα πρότυπα κάθε αγάπης.
Σαν πιο Σοφή απ' όλα τα κομμάτια μας, αυτή τα κράτησε για την στιγμή που θα αποφασίσουμε, ακόμη και αν είναι λίγο πριν η ψυχή μας βγει από το σώμα, να μας βοηθήσει στην ύστατη προσπάθεια να αναδυθούμε, να κινηθούμε, να ζωντανέψουμε.
Και τότε μαγικά, το σώμα γεμίζει, η ψυχή ξυ-

πνά, το πνεύμα ακόμη μια φορά μπορεί να δει τα πάντα.
Να δει από ψηλά τον κάμπο.
Να δει κάθε αγάπη.
Να δει κάθε αγαπημένο πρόσωπο.

Και τότε αφήνει ένα ένα, από το πηγάδι της ψυχής, τα όνειρα να αναδυθούν στο Φως, στον Ήλιο, στο Φεγγάρι, στ' Άστρα, στους Θρύλους και στους Μύθους.
Να πάρουν σάρκα, να γίνουν πράξη, δράση και ολοκλήρωση, ανδρεία, αρετή, και όπως λέει ο ποιητής «να πάρουνε τα όνειρα εκδίκηση».
Τα όνειρα μας, γιατί μπορούμε να τα δούμε, να θυμηθούμε, να προχωρήσουμε μαζί τους χέρι χέρι.
Σαν να αρχίζει πάλι η ζωή από την αρχή.
Σαν μια υπόσχεση στον οδηγό μας.
Σαν μια υπόσχεση σε όσους αγαπάμε.
Σαν μια υπόσχεση στα όνειρά μας!

ΕΛΚΟΥΜΕ ΑΥΤΟ ΠΟΥ ΕΚΠΕΜΠΟΥΜΕ

Και τι εκπέμπουμε;
Εκπέμπουμε ό,τι έχουμε καλλιεργήσει μέσα μας. Κάθε συναίσθημα, κάθε σκέψη, κάθε δράση, κάθε φόβο.
Με αυτά που έχουμε μέσα μας συνδεόμαστε με τις αντίστοιχες ποιοτικές ενέργειες στο σύμπαν.
Έτσι η ζωή μας γίνεται αγάπη ή πόνος. Ελευθερία ή σκλαβιά. Θάρρος ή δειλία. Φίλος ή εχθρός. Θεός ή διάβολος.
Εμείς, και μόνο εμείς, δημιουργούμε μέσα από τις εσωτερικές μας διεργασίες όλα αυτά που θα έρθουν στη ζωή μας ως δώρα χαράς ή λύπης.

«Οφείλουμε να έχουμε μια ιερή, μια πνευματική συμπεριφορά μπροστά στη δημιουργία, να

δονούμε σαν την άρπα του Αιόλου σε κάθε πνοή, σε κάθε ρεύμα που έρχεται από πολύ ψηλά, να μάθουμε, να επικοινωνούμε με το σύμπαν με την ψυχή του κόσμου, με τον Θεό».

OMRAAM MIKHAEL AIVANHOV

Καλημέρα λοιπόν σε μια πιο ποιοτική συμπεριφορά σε ό,τι υπάρχει ορατό ή αόρατο.

Ο ΑΝΘΡΩΠΟΣ ΓΙΝΕΤΑΙ ΑΝΘΡΩΠΙΝΟΣ

«Είμαι γιομάτος άναρθρες φωνές και σκοτάδι. Κυλιέμαι όλο δάκρυα κι αίματα μέσα στη ζεστή τούτη φάτνη της σάρκας μου. Φοβούμαι να μιλήσω. Στολίζομαι με ψεύτικα φτερά, φωνάζω, τραγουδώ, κλαίω, για να συμπνίγω την ανηλεή κραυγή της καρδιάς μου. Δεν είμαι το Φως, είμαι η νύχτα, μα μια φλόγα λογχίζει ανάμεσα στα σωθικά μου και με τρώει. Είμαι η νύχτα που την τρώει το φως».

ΑΣΚΗΤΙΚΗ ΝΙΚΟΥ ΚΑΖΑΝΤΖΑΚΗ

Έτσι λοιπόν συμβαίνει.

Η κατανόηση, αυτό που είσαι, εκεί που πας, και στη συνέχεια η αίσθηση στο φως μες την καρδιά σου, σαν να λογχίζει στην αρχή, ο πόνος κάτι ξένου. Μα στην συνέχεια το φως καταπίνει κάθε σκοτάδι από την ψυχή. Και ο πόνος σε ελπίδα μετατρέπεται, σε αναθάρρηση. Γίνεται

όπλο. Και αναδύεται η άλλη πλευρά, η φωτεινή, η όμορφη, η θελκτική.
Αυτή που είναι όμορφη σαν κόρη.
Αυτή που είναι αρεστή στα μάτια, στο πνεύμα, στην ψυχή.

Και ο άνθρωπος, από άνθρωπος γίνεται μύστης, γιος Θεού.
Γίνεται αληθινά ανθρώπινος.

ΝΑ ΕΙΣΑΙ ΜΟΝΟ ΑΝΘΡΩΠΟΣ

Δεν χρειάζεται να είσαι μεγάλος άνθρωπος. Φτάνει και περισσεύει να είσαι μόνο άνθρωπος.

ΜΙΑ ΓΗΤΕΙΑ ΠΟΥ ΕΛΕΓΕ Η ΜΑΝΑ ΜΟΥ

Μια γητειά για να 'ναι όλα όμορφα.
Τρίψε στα δάχτυλά σου λίγο βασιλικό, μέχρι να ευωδιάσουν.
Τρίψε μ' αυτόν τα χέρια σου, για να μπορεί η αφή να χαίρεται το άγγιγμα.
Κλείσε τα μάτια και τρίψε απαλά τα βλέφαρα, ώστε να βλέπουν πιο όμορφα τα πράγματα.
Ακούμπησε τα αυτιά σου και τρίψε απαλά, για να τραβούν μόνο τις λέξεις αγάπης που σου λένε.
Ακούμπησε τα χείλη σου και τρίψε απαλά, ώστε να λένε όμορφα λόγια.
Ακούμπησε τα ρουθούνια και τρίψε απαλά, ώστε οι μυρωδιές εξαίσιες να 'ναι.
Ρίξε τη σκόνη του βασιλικού στα πόδια σου, ώστε να σε πηγαίνουν σε μέρη όμορφα.
Και βάλε τα χέρια στην καρδιά ώστε να έρ-

θει σ' αυτήν η άνοιξη, να 'ρθουν μαζί τα καλοκαιρινά μελτέμια, και η οσμή της θάλασσας και όλα του κάμπου τα λουλούδια, μαζί κι μυρωδιές τους.

Και άφησε την καρδιά σου να πλημμυρίσει φως.

Όλα για σένα τα 'δωσε ο Θεός, εξαίσια και πλούσια.

Και όταν το κάνεις να επαναλάβεις τον Αμήν, τρεις φορές για να 'ναι ό Θεός μαζί σου.

(Μια γητειά που έλεγε η μάνα μου σε όποιον δεν έβλεπε τα όμορφα μες τη ζωή του).

Ο Πυρριχιοσ Χοροσ

Αίθουσα του Τελετουργικού Χορού στην Σαμοθράκη.

Και πριν τη Μύηση, ο Χορός για κάθαρση ώστε να χαθεί, να φύγει οτιδήποτε μιαρό από το σώμα, την ψυχή, το πνεύμα. Και στην συνέχεια η Μύηση οδηγεί τον Μύστη πάλι στον Χορό. Όχι για κάθαρση, μα να οδηγηθεί στην αποκάλυψη η οποία μέσα από τον χορό αποθεώνει τον Μύστη.

Ο Πυρρίχιος Χορός είναι αυτό που σωστά ο Πλάτωνας έλεγε: «*Ο Πυρρίχιος είναι θείο δώρο των θεών προς τους ανθρώπους*».

Είναι ο Χορός των Ελλήνων από τον Εύξεινο Πόντο μέχρι την Κρήτη, μέχρι την Πελοπόννησο.

Από όλες τις εκδοχές η πιο όμορφη, για τη δική μου την ψυχή, είναι αυτή που θέλει τον Κουρήτη Πύρριχο συντετριμμένο από τον θάνατο του Πάτροκλου, και μη αντέχοντας τον πόνο, αφήνει το σώμα να ταλαντευθεί για να αντέξει αυτό που νιώθει. Στην αρχή αργά και πονεμένα, μα στην συνέχεια σε ξέφρενο, από οργή, ρυθμό.

Το όλο δρώμενο συμπαρασύρει και όλους τους υπόλοιπους πολεμιστές και συντρόφους σε ξέφρενο Μυητικό Χορό, έτσι ώστε όλο το βράδυ, να περιστρέφονται γύρω από τις φωτιές κάτω από τα τείχη της Τροίας.

Έτσι, αυτός ο άγριος χορός πήρε το όνομα του από τα πυρρά μαλλιά του πρωτοχορευτή του.

Ο ίδιος Χορός στην Σαμοθράκη μετατρέπεται σε Ιερό Χορό Κάθαρσης και Αποθέωσης.

ΟΙ ΕΥΧΕΣ ΕΧΟΥΝ ΦΩΣ

Όταν οι ευχές βγαίνουν από την καρδιά έχουν φως, έχουν τη δύναμη να διαπερνούν επίπεδα, να τρυπούν τα σύμπαντα, να ξεγλιστρούν από επιτροπές, αγγέλους και να φτάνουν εκεί που πρέπει, στον Θεό.

Και ο Θεός, σαν ο αρχαίος, ο πιο παλιός, ο πιο σοφός, τις κοιτά, τις ακουμπά, βλέποντας όχι αυτόν που έγινε η ευχή, μα αυτόν που την έκανε.

Και βλέπει αισθανόμενος τον χτύπο της καρδιάς, το φως που έχει, την αγάπη που κουβαλά, και τότε γελώντας, τις στέλνει πίσω εκπληρωμένες, αδιαφορώντας αν το αξίζει αυτός που παίρνει την ευχή, διότι πιο μεγάλη αξιοσύνη έχει η καρδιά που την έστειλε.

Η ΠΟΡΕΙΑ ΠΡΟΣ ΤΟ ΦΩΣ

Η ολοκλήρωση της πιο σημαντικής αναζήτησης του ανθρώπου.

Οι άνθρωποι θεωρούν ότι βρήκαν το άλλο τους μισό ερμηνεύοντας την έλξη που νιώθουν για κάποιον άνθρωπο.

Στην πραγματικότητα έχουν βρεθεί με κάποιον με τον οποίο έχουν βρεθεί ξανά, αλλά δεν ολοκλήρωσαν σωστά την πορεία τους.

Ο ένας από τους δύο για κάποιο λόγο το έβαλε στα πόδια.

Έτσι, όταν βρεθούν ξανά νιώθουν εκείνη την πρώτη έλξη που ωθεί σε μία νέα προσπάθεια για να ολοκληρωθεί ό,τι έμεινε στη μέση.

Αυτό όμως δεν υπόσχεται μία ομαλή πορεία, ούτε είναι υπόσχεση ότι θα μπορέσουν να το ολοκληρώσουν. Τις περισσότερες φορές τελειώνει πάλι με έναν άσχημο τρόπο και μεταφέρεται η προσπάθεια σε μία άλλη κατάβαση, όταν τύχη να ξαναβρεθούν.

Όταν όμως στο διάβα της ζωής συναντήσεις το αληθινό σου κομμάτι, αυτό που είσαι ταγμένος να ολοκληρώσεις την πορεία μαζί του, η ένωση είναι τόσο μοναδική που έχεις την αίσθηση ότι το μόνο που αλλάζει σε αυτούς τους δύο ανθρώπους είναι η μορφή και το φύλο.

Όλα τα άλλα είναι ένα μονοπάτι που απλά το ακολουθούν τέσσερα πόδια και όχι δύο.

Αυτοί οι άνθρωποι όποιο εμπόδιο και αν συναντήσουν το προσπερνούν, την όποια δυσκολία την αντιμετωπίζουν σαν ένας άνθρωπος.

Ο ένας νιώθει ότι αναπνέει από τα ρουθούνια του άλλου, ότι η καρδιά του έχει τον ίδιο κτύπο.

Αυτοί οι άνθρωποι όταν βρεθούν κάθε φορά επιστρέφουν μαζί στη γη για να ξανασμίξουν.

Ακόμη και αν είναι στην άλλη πλευρά της γης θα βρεθούν και θα είναι πάλι μαζί.

Και όταν ο ένας πεθαίνει ακολουθεί ο άλλος σε πολύ μικρό διάστημα, ίσως και την επόμενη στιγμή.

Αυτό γίνεται διότι ο ένας ακολουθεί τον άλλον σε ό,τι κάνει, αλλά και για να μπορέσουν να επιστρέψουν πάλι μαζί και να συνεχίσουν σαν μία ψυχή την πορεία προς το Φως.

Αρχική έμπνευση για το κείμενο ήταν η παραπάνω δημοσίευση στο internet, που φανερώνει την ιδιαίτερη ιστορία ενός ζευγαριού που συμπορεύτηκε στη ζωή, αλλά και στον θάνατο, στο πέρασμα για την άλλη ζωή.

(Σκανάρετε ή φωτογραφίστε το QR code για μετάβαση στο βίντεο.)

Οι επιλογές μας

Αυτό που παίρνει ο άνθρωπος μαζί του επιστρέφοντας πίσω, είναι όλες αυτές οι εμπειρίες και οι γνώσεις που έκανε κτήμα της ψυχής του. Ό,τι δεν έγινε βιωματική γνώση, πεθαίνει με το φυσικό του σώμα.

Αν μπορούσαμε να διαβαθμίσουμε τις εμπειρίες, πρώτες παίρνουν θέση οι σχέσεις των ανθρώπων και στην συνέχεια κάθε τι άλλο. Οι άνθρωποι που συναναστρεφόμαστε, όλοι αυτοί που επιλέγουμε να ζουν κοντά μας είναι αυτοί που θα γεμίσουν τη ζωή μας με όμορφα και άσχημα, με εύκολα και δύσκολα.

Αξίζει να κάνουμε τις καλύτερες επιλογές. Ας αφήσουμε κοντά μας τους καλύτερους. Αυτούς που αντιμετωπίζουν τη ζωή και τα προβλήματα με χαμόγελο και φως. Αυτούς που ήρθαν να δώσουν και να πάρουν.

Εμείς, ας πορευθούμε με όσους χαμογελούν, με αυτούς που δεν είναι άρπαγες που θέλουν να ρημάξουν, να πάρουν ότι μπορούν σαν λάφυρο, και μετά να φύγουν συνεχίζοντας το ολέθριο ταξίδι σαν βαμπίρ εις βάρος άλλων. Ας τους αφήσουμε να φύγουν και να τραβήξουν τον δικό τους δρόμο.

Ας διώξουμε ό,τι είναι βρώμικο, κακό, δυσώδες από τη ζωή μας και ας αναπνεύσουμε καθαρό και δροσερό αέρα πλημμυρισμένο από φως και αγάπη, με όσους μας αγαπούν και ας είναι λίγοι.

Η Αυρα

...και ξαφνικά πλησιάζει ένας άνθρωπος χαμογελάει και ζητάει να φωτογραφήσει την Αύρα του. Από την πρώτη στιγμή που μπήκε στον μικρό χώρο του φωτογραφικού θαλάμου αισθάνθηκα ότι κάτι ιδιαίτερο είχε επάνω του.
Ο άνθρωπος ανάδυε ενέργεια, η αίσθηση ήταν ότι ήταν περιβεβλημένος με Φως.
Μας χαμογέλασε και η αίσθηση έγινε εντονότερη.
Κάθισε στην καρέκλα, μπροστά στο μηχάνημα, για να φωτογραφηθεί.
Ο Θεόδωρος του έδειξε πώς να τοποθετήσει το χέρι του.
Ξεκίνησε λοιπόν ή φωτογράφισή του μα αυτό που έβλεπε ο Θεόδωρος του ήταν ακατανόητο.
Στην αρχή θεώρησε ότι κάτι δεν πάει καλά και ξαναπροσπάθησε να κάνει μία νέα φωτο-

γράφιση. Το αποτέλεσμα όμως επαναλήφθηκε. Τότε θεώρησε ότι έπρεπε να κάνει νέα εκκίνηση στο μηχάνημα.
Πάλι όμως φανερώθηκε αυτό που δεν μπορούσε να κατανοήσει.
Ο άνθρωπος βλέποντας τον Θεόδωρο να ζορίζεται ένιωσε αμήχανος, μα εξακολουθούσε να χαμογελά.
Μετά από κάποιες προσπάθειες, πάντα με το ίδιο αποτέλεσμα, κατάλαβε ότι η ανάλυση ήταν η σωστή. Κανένα λάθος δεν είχε γίνει.
Ο άνθρωπος σε κάθε φωτογράφιση έδειχνε να περιβάλλεται από Λευκό Φως.
Αυτό όμως δεν ήταν μόνο στην Αύρα του. Το έβδομο Τσάκρα δεν είχε το κλασικό Ιώδες χρώμα. Είχε ένα έβδομο Τσάκρα Κατάλευκο. Ζωντανό. Αιθέριο. Θεϊκό.
Είχε γύρω του το φως που έχουν οι Άγιοι.
Περιβαλλόταν από ένα λευκό φωτοστέφανο.
Αυτό τράβηξε το ενδιαφέρον του Δημήτρη και το δικό μου.
Η πρώτη ερώτηση που του κάναμε ήταν με τι ασχολείται.
Η απάντηση του, πάντα με χαμόγελο, ήταν ότι σήμερα θα ξεκινούσε μαθήματα θεραπευτικής.
Η επόμενη ερώτηση ήταν αν ασχολείται με τον διαλογισμό.

Απάντησε πάλι, με αυτό το δικό του χαμόγελο, ότι κατά διαστήματα έκανε διαλογισμό αλλά ποτέ συνεχόμενα, ποτέ συστηματικά.

Το Λευκό Φως στην Αύρα του, σε καμία περίπτωση δεν θα μπορούσε να είναι ένα τυχαίο γεγονός. Έπρεπε να οφείλεται σε κάτι. Του κάναμε πολλές ερωτήσεις χωρίς να μπορούμε να βγάλουμε νόημα. Και τότε μέσα από τον τρόπο του μας έλυσε τον γρίφο.
«Χαμογελώ σε ό,τι συμβαίνει στη ζωή μου».

Το Χαμόγελό του!
Αυτό καθρέπτιζε η Αύρα του.
Έμαθε, χωρίς κανένας να του το πει, ότι έπρεπε να αντιμετωπίζει τα πάντα με χαμόγελο.

Αυτό το χαμόγελο που βγαίνει από την καρδιά του, γίνεται η αιτία ώστε η ενέργεια να κινείται ανεμπόδιστα, να ρέει, να μην υπάρχουν αντιστάσεις.

Αυτό το χαμόγελο του χάριζε ένα δώρο από τον Θεό.

Χωρίς να σημαίνει ότι η ζωή του ήταν εύκολη, δεν είχε κανένα πρόβλημα στην υγεία του. Και αυτό διότι η ενέργεια ρέει μέσα του.

«Έχω να αρρωστήσω 30 χρόνια ακόμη και από ένα απλό κρυολόγημα», μας είπε χαμογελαστά.

Παίρνει την ανάλυσή του που αντικατοπτρίζει ακριβώς τα λόγια του, πληρώνει και φεύγει.

Απομακρύνεται αλλά η Αύρα του, το φως του, συνέχισε να κυριαρχεί στον χώρο για ένα μεγάλο διάστημα.

Η ΔΙΑΔΡΟΜΗ ΠΟΥ ΔΕΝ ΚΑΝΕΙ ΛΑΘΟΣ

Ακόμη και όταν τα στοιχεία είναι συντριπτικά και η λογική συμφωνεί με αυτά, θα πρέπει να μάθουμε να εμπιστευόμαστε την καρδιά μας.
Αυτή θα πρέπει να είναι ο τελικός κριτής των αποφάσεων μας.

Η καρδιά είναι το μόνο όργανο που διατηρεί επαφή με το ανώτερο κομμάτι της συνείδησης.
Αυτό το κομμάτι που έχει επαφή με τον ανώτερο εαυτό.

Όταν ο άνθρωπος ακολουθεί αυτή την διαδρομή ποτέ δεν κάνει λάθος.
Αυτός ο άνθρωπος έπραξε ακριβώς αυτό και έσωσε τον πλανήτη.
Ας αναλογιστούμε τι θα κάναμε εμείς στην δική του θέση.

Αν θα ακολουθούσαμε τη λογική ή την καρδιά μας.

Αρχική έμπνευση για το κείμενο που ακολουθεί ήταν η παραπάνω δημοσίευση στο internet, που φανερώνει πως ένας και μόνο άνθρωπος, ακούγοντας την καρδιά του ενάντια σε όλα τα στοιχεία λογικής και εκπαίδευσής του, ήταν αρκετός για να αποτραπεί ένας παγκόσμιος πυρηνικός πόλεμος.

(Σκανάρετε ή φωτογραφίστε το QR code για μετάβαση στο βίντεο.)

51

Η ΑΛΗΘΙΝΗ ΓΝΩΣΗ

Συχνά ο άνθρωπος νομίζει ότι η σπουδαιότητά του είναι συνάρτηση της γνώσης που έχει αποκτήσει.

Η αληθινή σπουδαιότητα όμως υφίσταται, όταν μέσα από τη γνώση κάνει κάτι σημαντικό τόσο για τον εαυτό του όσο και για τους άλλους.

Αν η γνώση δεν τον οδηγεί σε αυτό, τότε απλά γνωρίζει κάτι περισσότερο από τους άλλους, χωρίς αυτό να έχει καμία απολύτως αξία.

Αυτός που μπορεί να κάνει πράγματα για τον εαυτό του και για τους άλλους, είναι αυτός που πραγματικά είναι σπουδαίος στα μάτια του Θεού και των Αγγέλων.

Αυτό συχνά δεν έχει να κάνει με τη γνώση, αλλά με την αγνότητα που κουβαλά η ψυχή του.

ΕΙΜΑΙ ΕΛΕΥΘΕΡΟΣ

Είμαι Ελεύθερος γιατί μπορώ να κάνω αυτό που θέλω. Είμαι ελεύθερος να κάνω ότι θέλω, αλλά... Συχνά το όνειρο διαλύεται εκείνη τη στιγμή που εμφανίζεται το «αλλά».

Εμείς οι άνθρωποι, επειδή η ύπαρξή μας περιβάλλεται από φόβο, ό,τι και αν πούμε, τελειώνουμε με ένα «αλλά». Έτσι, μαζί, τελειώνει το όνειρο, η αλλαγή, και πάνω από όλα η Ελευθερία.

Ο άνθρωπος που δεν είναι ελεύθερος είναι αδύνατον να αισθανθεί τη δύναμη της ελευθερίας.

Όσα λόγια, όσες σκέψεις και αν χρησιμοποιήσει, ποτέ δεν θα φθάσει να αισθανθεί τη Δύνα-

μη που κρύβεται πίσω από τη λέξη.
Ο κάθε περιορισμός, είναι μία αλυσίδα, άσχετα αν πίσω του κρύβει κάποιο «πρέπει».

Πόσο άραγε κοροϊδεύουμε τον εαυτό μας λέγοντας «είμαι ελεύθερος να κάνω ό,τι θέλω», ή «όποτε θέλω, φεύγω από αυτή τη δουλειά» και συχνά καταλήγουμε στο τετριμμένο «αν πάρω την απόφαση τότε δεν με σταματάει κανένας».
Αλλά, αυτή η απόφαση δεν παίρνεται ποτέ.
Όση δύναμη κρύβει μέσα της η ελευθερία άλλη τόση κρύβει και η δουλειά, η σκλαβιά, η υποταγή.

Μόνο να αναλογιστούμε ότι 400 χρόνια, οι πρόγονοι ήταν υποταγμένοι στον Τούρκους (16 γενιές πίσω), μπορούμε να αναλογιστούμε την προγονική δύναμη που έχει μέσα μας η υποταγή.

Μα, αν κάποιος τολμήσει να ελευθερωθεί, τότε, συμβαίνουν μαγικά πράγματα. Ένα χρυσό ξίφος φανερώνεται στα αστρικά πεδία μπροστά στα μάτια. Ένα ξίφος που κόβει κάθε εμπόδιο, που διαλύει τις αλυσίδες.
Τότε, αυτός που κάνει την υπέρβαση μπορεί να κατανοήσει τη δυστυχία στην οποία βρισκόταν, την αναγκαστική προσκόλληση στο ψέμα.

Αλήθεια, πόσο συχνά όλοι εμείς δεν γίναμε κάποτε κόλακες γιατί αυτό διασφάλιζε τη θέση,

την προοπτική, την ασφάλεια μας;
Και αυτός ο τρόπος της ζωή μας, μας κάνει να πιστεύουμε ότι όλα είναι μάταια. Όχι διότι στην πραγματικότητα είναι μάταια, απλά είναι μία καλή, πολύ καλή δικαιολογία στην ανικανότητα να ελευθερωθούμε από τα δεσμά που μας κρατούν εγκλωβισμένους σε μία μέτρια ζωή.
Όταν πάρουμε την απόφαση να ελευθερωθούμε, αρκεί ένας δισταγμός για να ξαναβρεθούμε πίσω.

Ο άνθρωπος που έχει αποφασίσει να κάνει την υπέρβαση, έχει το βλέμμα του «τρελού» ή την συμπεριφορά του «ανισσόροπου». Αδυνατούν οι άλλοι να πιστέψουν ότι αφήνει την ασφάλεια και κινείται στο αόριστο, στο μη ασφαλές, σε αυτό που δεν είναι σίγουρο.

Και βέβαια όλοι, καθημερινά, μιλάμε χρησιμοποιώντας λέξεις όπως εξέλιξη, πρόοδος, σταδιακή αλλαγή, σιγά-σιγά, και δίνουμε καθημερινά παράταση στον χρόνο που δεν έχουμε.

Ακόμη πιο τραγικό είναι, ότι πείθουμε τον εαυτό μας ότι πράγματι θέλουμε χρόνο για την προσπάθεια, αλλά πεισματικά παραμένουμε σε αυτό που συνήθως είμαστε, πειθήνιοι και μπερδεμένοι επειδή νομίζουμε ότι η γνώση που αποκτούμε μέσα από την τριβή της ζωής θα μας πάει σταδιακά «εκεί».

Άραγε ποια πιθανότητα υπάρχει όταν συντηρούμε το παλιό να μπορέσει η γνώση να μας μεταλλάξει από μόνη της, σε κάτι πιο φωτεινό, πιο αιθέριο, πιο ελεύθερο;

Καμία πιθανότητα δεν έχουμε να φέρουμε την πολυπόθητη Ελευθερία στη ζωή μας, διατηρώντας το γνωστό, το ίδιο, αυτό που ποτέ δεν μας οδήγησε σε κάτι νέο.

Το να πιστεύει κάποιος ότι η αλλαγή θα έρθει από έξω μοιάζει με φαρσοκωμωδία που πρωταγωνιστές είμαστε εμείς οι ίδιοι.

Αυτό που χρειάζεται για να γίνει το τόλμημα της αλλαγής, είναι μια επανάσταση της σκέψης, μέσα από μία ξεκάθαρη Επίγνωση της ίδιας της ζωή μας.

Αυτό και μόνον αυτό οδηγεί στο «φτάνει ως εδώ!»

Και τότε συμβαίνει!

Συμβαίνει να βρεθείς από τη σκλαβιά, από την υποταγή, στην απόλυτη Ελευθερία, και τότε μπορείς να πεις: «*Ελευθερώθηκα γιατί μπόρεσα να δω. Και όταν είδα, κατάλαβα ότι ποτέ πριν δεν ήμουν ελεύθερος!*»

Και τότε καταλαβαίνεις ότι μέχρι εκείνη τη στιγμή δεν έβλεπες, γιατί το βλέμμα ήταν στραμμένο κάτω.

Η ΠΡΑΓΜΑΤΙΚΗ ΜΟΡΦΗ ΤΩΝ ΟΡΙΩΝ

Αυτό που φοβόμαστε είναι η κατανόηση των ορίων. Αν και θέλουμε να λέμε, ότι είμαστε ανοιχτοί στις προκλήσεις.

Αλλά και στην πιο μικρή πρόκληση κατεβάζουμε το κεφάλι, θυμώνουμε, ή κοκκινίζουμε από ντροπή ακόμη και στα πιο απλά, προβάλλοντας το «δεν πρέπει», «το ήθος», «τα ίσως», ή «ότι δεν συνάδει με την παιδεία, την κουλτούρα» κ.λπ.

Μα αν πραγματικά θέλεις, τότε το πιο εύκολο πράγμα είναι να περάσεις το σημείο μηδέν, να περάσεις τα όρια, να τα σπάσεις, να τα καταργήσεις, να ανεβάσεις τις δονήσεις, να αυξήσεις την ενέργεια, να μείνεις ανοιχτός σε μια νέα κατανόηση, σε μία άλλη παρατήρηση. Να εισχωρήσεις στο βάθος της επίγνωσης.

Και τότε, την επόμενη στιγμή ο κόσμος αλλάζει. Όλα παίρνουν τη μοναδική τους διάσταση.
Αποκτούν χρώμα, φως, ζωντάνια, κίνηση.
Ολόκληρη η ζωή αλλάζει.
Ας είσαι είκοσι, τριάντα, εβδομήντα, όλα τα μαθαίνεις από την αρχή, σαν παιδί, σαν έφηβος.
Τα πάντα αλλάζουν επίπεδο, ποιότητα, κραδασμό.

Το κόκκινο στο λουλούδι δεν έχει σχέση με το κόκκινο στο φόρεμα, ούτε με το χρώμα του αυτοκινήτου, ούτε με το πακέτο των τσιγάρων.
Το πεύκο δεν έχει καμία σχέση με το διπλανό πεύκο, ούτε με το επόμενο.
Όλα είναι μοναδικά και άξια παρατήρησης.

Σήμερα, ενώ συμφωνούμε στην μοναδικότητα των πάντων, δεν σκαμπάζουμε πώς είναι να αισθάνεσαι, να βλέπεις να γεύεσαι.
Όλα αλλάζουν, παίρνουν την πραγματική τους μορφή, τη δική τους αξία, τη μοναδική τους ποιότητα, τη δική τους θέση.
Και μόνο τότε αποκτά αξία η ζωή.
Διότι η ζωή δεν έχει χρώμα, θρησκεία, έθνος και βασίλειο.
Έχει καθαρότητα, αγάπη, αξία και κάλος.

Έτσι καταργείτε η διαμάχη στα πάντα. Πώς μπορείς να συγκρίνεις πράγματα που δεν έχουν καμία σχέση, ακόμη και αν φαινομενικά μοιάζουν;

Τι ανόητο είναι να προσπαθείς να συγκρίνεις διαφορετικούς λαούς με γνώμονα να νιώσεις καλά ότι εσύ είσαι διαφορετικός.

Μα είσαι, όπως είναι και ο κάθε άλλος!

Και αυτό δεν συμβαίνει από τη σύγκριση, απλά έτσι είναι.

Ποια κουλτούρα είναι συγκρίσιμη με κάποια άλλη;

Ποια είναι τα κριτήρια;

Η παρατήρηση και η κατανόηση γίνεται τόσο βαθιά που διαρκώς μαθαίνεις, απολαμβάνεις, ζεις, γεύεσαι ό,τι συμβαίνει στη ζωή σου, γεύεσαι τη φύση, τον Θεό, την αγάπη η οποία είναι τόσο διαφορετική ακόμη και στα ίδια σου τα παιδιά.

Και αυτή η νέα αντίληψη σε πάει ακόμη βαθύτερα.

Διαγράφεις τους περιορισμούς μέσα σου.

Εξαφανίζεις κάθε δυσαρμονία, κάθε ασκήμια.

Ακόμη και οι πιο δυσάρεστες οσμές αποκτούν νόημα και βάθος.

Και σου συμβαίνει αυτό που αισθάνονται οι άγγελοι, αλλά και εμείς οι ίδιοι, όταν βρεθούμε στην άλλη πλευρά.

Ότι δηλαδή εσύ και εγώ και το κάθε τι, μέσα

στην μοναδική μοναδικότητά του, είμαστε η πραγματική αιτία όλων, αλλά και το κάθε τι που υπάρχει.

Και αυτό δεν είναι λόγια, είναι η αλήθεια, η μοναδική αλήθεια.

Έτσι αντιλαμβάνεσαι τη μοναδικότητα που έχεις και την ευθύνη που έχει αυτό.

Ότι η παρουσία σου και η επιρροή που ασκείς δεν απλώνεται μόνο στους οικείους, στο σπίτι ή τη δουλειά σου, αλλά και σε αυτό που συμβαίνει στην άλλη άκρη της γης και στο κέντρο του γαλαξία ή του σύμπαντος.

Και στην ίδια την ψυχή του Θεού.

ΔΗΜΙΟΥΡΓΙΚΗ ΣΚΕΨΗ

Συχνά αναρωτιόμαστε για τις ικανότητες του εγκεφάλου, της διάνοιας και του νου. Υπάρχει η πεποίθηση ότι ο Νους είναι μία ικανότητα του εγκεφάλου που μέσα από αυτήν ο άνθρωπος διαχειρίζεται τη ζωή του. Όσες προσπάθειες και αν έκανε η επιστήμη, δεν μπόρεσε να εντοπίσει πιο είναι το σημείο του εγκεφάλου που διαχειρίζεται τον Νου. Ο Νους είναι μία ικανότητα «φάντασμα» η οποία απλά συμβαίνει.

Και συμβαίνει μέσα από την πνευματική διάσταση του ανθρώπου η οποία αξιοποιεί τα στοιχεία που συλλέγει ο εγκέφαλος.

Μέσα στο Νου εμπεριέχεται η δυνατότητα

της δημιουργικής σκέψης.
Σε αυτή την ικανότητα έχουν πρόσβαση ελάχιστοι άνθρωποι.

Εάν ο άνθρωπος με κάποιο τρόπο είχε την δυνατότητα να την ανακαλύψει, τότε, θα μπορούσε να κάνει πράγματα που σήμερα του φαίνονται αδύνατα.

Ο μόνος τρόπος για να συμβεί αυτό, είναι να πετύχει να μετατρέψει την ποιότητα των σκέψεων.

Να τις ανυψώσει, να τις περάσει σε ένα πιο αιθέριο, πιο ανώτερο, πιο ψυχικό, πνευματικό ή ακόμη και θεϊκό επίπεδο.

Αυτό αρχίζει να συμβαίνει όταν κάποιος αρχίσει να παρατηρεί τον εαυτό του.

Έτσι του δίνεται η δυνατότητα να γνωρίσει τον εαυτό του. Όχι να τον ελέγξει, ούτε να νιώσει χαρά ή λύπη από τις ικανότητες ή τις επιλογές του.

Όταν κάποιος αποκτήσει την ικανότητα να «δει» μέσα του, τότε γίνεται κυρίαρχο Ον.

Και από εκείνη τη στιγμή αρχίζει να κατανοεί με τον τρόπο που κατανοούν οι Άγγελοι.

Συχνά αυτό οδηγεί σε μία αυθεντική ακεραιότητα, η οποία δεν είναι αποτέλεσμα ηθικής, θρησκευτικών κανόνων, μίμησης, αλλά μιας βαθιάς Επίγνωσης η οποία οδηγεί στη δημιουργική σκέψη.

Όσο ανοίγει το εύρος του νου, τόσο πλουσιότερη γίνεται η πραγματικότητα στην οποία ζει. Και τότε συμβαίνει.

Συμβαίνει να αλλάξουν όλα την επόμενη στιγμή.

Αλλάζει το τώρα, το μέλλον ακόμη και το παρελθόν.

Τότε ο άνθρωπος αλλάζει την μοίρα του χωρίς καμία προσπάθεια, απλά συμβαίνει.

ΟΙ ΤΑΦΟΙ ΤΩΝ ΘΕΩΝ

Κρήτη.
Μια άλλη Ελλάδα, όπου οι Θεοί είχαν τα ίδια δικαιώματα με τους ανθρώπους. Μπορούσαν να πεθάνουν. Σε μια εποχή, όπου οι δύο κόσμοι ήταν Ένας, πολλοί πριν έρθουν στην Ελλάδα τα ελληνικά φύλα!
Αυτό βέβαια εξόργιζε τους «νέους» Έλληνες. Οι Θεοί δεν είχαν το δικαίωμα αυτό. Ήταν καταδικασμένοι να ζουν στην αιωνιότητα.
Και έτσι, για να προστατεύσουν οι Κρήτες τον τάφο του Δία, έκρυψαν τον τόπο της ταφής του βαθιά, πολύ βαθιά, στη μνήμη των κυττάρων τους.
Κάτι, που στη συνέχεια θα έκαναν και οι «άλλοι» Έλληνες που ήρθαν από τόπους μακρινούς, στους δικούς τους ήρωες, όπως του Ηρακλή και του Αλέξανδρου.

ΑΣ

Ας δοξάσουμε τον Θεό και ας ζήσουμε ακόμη μία όμορφη μέρα!
Καλημέρα.

ΝΑ ΕΙΣΑΙ ΠΑΝΤΑ ΕΣΥ

Όταν ρωτήσεις κάποιον τι σημαίνει μεταφυσικός τρόπος ζωής, η απάντηση είναι γνωστή. Γαλήνη, ηρεμία, χαμόγελο, ηθική, σεβασμός, σωστή διατροφή, νηστεία, προσευχή. Υπάρχει όμως κάτι πιο βαθύ από αυτά.

Μεταφυσικός τρόπος ζωής είναι να είσαι ο εαυτός σου. Μόνο ο Εαυτός σου, τίποτα άλλο. Μόνο τότε ό,τι κάνεις μπορεί να ανθίσει, να μεγαλώσει, να τελειωθεί.

Η πραγματική αθωότητα έρχεται μόνο στο τέλος. Ποτέ στην αρχή.

Η αρχή θέλει πάθος, ένταση, δύναμη, ανατροπή. Όλα χωρίς όριο, χωρίς «ίσως», χωρίς «πρέπει».

Αυτό έκανε ο Χριστός, ο Βούδας, ο Μωάμεθ,

ο Ζωροάστρης, ο Ηρακλής, ο Γκίλγκαμες. Όλοι είχαν μία δόση τρέλας. Μία τρέλα όμορφη, αυθεντική. Και αυτό, διότι δεν μιμήθηκαν κανέναν. Ήταν ο εαυτός τους. Μοναδικός, όμορφος, τρελός, επαναστατικός και πάνω από όλα αυθεντικός. Τρομαχτικά αυθεντικός.
Και όταν συμβεί, είσαι ολοκληρωτικά μέσα σε ό,τι κάνεις. Διότι αν μιμείσαι κάποιον άλλο, αναρωτιέσαι: «Τι θα έκανε αυτός αν ήταν στην θέση μου».
Και τότε, ακόμη και αν αυτό που αποφάσισες είναι σωστό, θα είναι άσχημο.
Δεν θα είναι αυθόρμητο, μοναδικό.
Ο μόνος σωστός τρόπος ζωής είναι να είσαι εσύ και ό,τι κάνεις να δείχνει εσένα και όχι κάποιον άλλον.

Αν επιλέξεις να ακολουθήσεις έναν μοναχικό τρόπο ζωής μην αντιγράφεις κανέναν Άγιο. Μπορεί να βρεις τον δικό σου δρόμο.
Αν αποφασίσεις να είσαι ανδρείος μην προσπαθείς να μοιάσεις τον Ηρακλή.
Να είσαι εσύ. Επέτρεψέ του να έχει τη δική του μοναδικότητα σε ό,τι έκανε. Μην τον αντιγράφεις, είναι τρομαχτικά γελοίο, ακόμη και αν οι άλλοι το βλέπουν τέλειο.

Η κάθε επιθυμία κρύβει μία ματαιότητα. Αυτό όμως δεν έχει σημασία, το θέμα είναι αν την θέλεις, τότε ζήσε την σε όλο της το μεγαλείο. Και αν νιώσεις ότι δεν έχει πια λόγο στη ζωή σου, απλά άφησέ την πίσω.

Αν αποφασίσεις να ακολουθήσεις τον δρόμο προς τον Θεό, τότε όλα είναι εύκολα. Δεν χρειάζεσαι κανένα εφόδιο, καμία προετοιμασία, καμιά προϋπόθεση.

Προχώρα τον δρόμο και είναι σίγουρο ότι πριν φτάσεις στον προορισμό σου, ο Θεός θα σε έχει φτάσει πρώτος. Διότι στον Θεό δεν φτάνεις ποτέ εσύ. Φτάνει αυτός σε σένα, φτάνει να είσαι εσύ και όχι κάποιος που έχεις αντιγράψει.

Καινουργια πεδια ευφυϊας

Κανένας άνθρωπος δεν είναι στη γη χωρίς λόγο. Όλοι μας, μηδενός εξαιρουμένου, έχουμε κάτι να κάνουμε για εμάς τους ίδιους, και στην συνέχεια για τους άλλους.
Είναι ανόητο να πιστεύουμε ότι οι προκλήσεις, οι ευκαιρίες, οι αλλαγές θα έρθουν μόνες τους.
Εμείς πρέπει να τις έλξουμε.
Ένας ζωντανός άνθρωπος προσκαλεί τη ζωή.
Όταν την προσκαλέσει, τότε η ζωή θα έρθει κοντά του να ανθίσει. Ακόμη και σε αυτές τις περιπτώσεις, που κάποιος έχει βαρύ πεπρωμένο (κάρμα), η πρόσκληση δεν θα μείνει αναπάντητη.
Η μεμψιμοιρία, η κακή διάθεση, ο φόβος, οι

άσχημες σκέψεις αντί να προσκαλούν τη ζωή, έλκουν τις δυσκολίες και τα εμπόδια.

Στο τέλος κάθε προσπάθεια καταλήγει σε αποτυχία.

Όταν οι σχέσεις με τους άλλους γίνονται δύσκολες, εμείς βρισκόμαστε σε σύγχυση, αυτό που μεταδίδουμε στους άλλους στη συνέχεια επιστρέφει πάλι σε μας.

Να χαμογελάμε, ακόμη και στα δύσκολα, ακόμη και σε αυτά που θεωρούμε ανυπέρβλητα. Με αυτόν τον τρόπο χαλαρώνουμε βαθιά, και τότε, διεισδύουμε σε μεγαλύτερα, καινούργια, μοναδικά πεδία ευφυΐας και πνευματικής αφύπνισης.

Θεωρούμε ότι η ζωή συμβαίνει όταν τη γεμίζουμε με υποχρεώσεις. Απλά επιβεβαιώνουμε ότι έχουμε πεθάνει ενώ ακόμη ζούμε, διότι δεν χαιρόμαστε τίποτα.

Θα αργήσουμε, αλλά κάποτε θα αισθανθούμε ότι διορθώνοντας τον εαυτό μας, διορθώνουμε ολόκληρο τον κόσμο.

Εσύ και μόνο εσύ μπορείς να φέρεις τα πράγματα στο χείλος του γκρεμού ή να επιτρέψεις όλα να επιστρέψουν στη ζωή. Θεραπευόμαστε και θεραπεύουμε ολόκληρο το σύμπαν.

Ο ΦΟΒΟΣ

Να προσέχεις τους φόβους σου, γιατί πάντα στρέφονται ενάντια στη ζωή και ενάντια στα όνειρα.
Κανένας φόβος δεν σε οδήγησε πουθενά.
Κανένας φόβος δεν σε πήγε στη ζωή.
Κανένας φόβος δεν έφερε τον έρωτα και την αγάπη.
Κανένας φόβος δεν μπόρεσε να κάνει κάποιον ευτυχισμένο.
Κανένας φόβος δεν έφερε μαζί του, ελευθερία.

*«Χόρεψε πάνω στο φτερό του καρχαρία.
Παίξε στον άνεμο τη γλώσσα σου και πέρνα»*
ΝΙΚΟΣ ΚΑΒΒΑΔΙΑΣ

Έτσι κι εσύ, κάθε φορά που ο φόβος στήνει μπροστά σου τείχη, βγάλε κοροϊδευτικά τη γλώσσα σου και κάνε γκριμάτσες, όσο πιο αστείες γίνεται.

Προσπέρνα τους και τότε θα δεις ότι η δύναμή τους ήταν όσο μεγάλη εσύ επέτρεψες να είναι.

Μορφές και Χρώματα

Και ξάφνου αντιλαμβάνεσαι ότι αυτό το κομμάτι γης που πατάς έχει μία άλλη ποιότητα, έναν άλλον κραδασμό.

Κάνεις μερικά βήματα ακόμη και όλα επανέρχονται στη φυσική τους κατάσταση.

Είναι η στιγμή που αντιλαμβάνεσαι ότι άγγιξες κάτι που δεν ανήκει σε αυτόν τον κόσμο. Ή καλύτερα, ένα σημείο, όπου ενώνεται αυτός ο κόσμος με κάποιον άλλον.

Κάνεις πάλι μερικά βήματα πίσω για να είσαι σίγουρος ότι δεν είναι ψευδαίσθηση. Μα πάλι επαναλαμβάνεται αυτό που νομίζεις ότι είναι αλλόκοτο.

Πρέπει να αποφασίσεις αν επιθυμείς να επιστρέψεις στο λογικό σου κομμάτι ή να ζήσεις μία νέα κατάσταση συνείδησης.

Όλα μπερδεύονται, την ίδια στιγμή νιώθεις

να θέλεις να το βάλεις στα πόδια και μαζί να σκύψεις, να υποκλιθείς, να φιλήσεις το έδαφος, να κάτσεις κάτω.

Η λογική παύει να είναι κυρίαρχη.
Τι κάνεις;
Επιστρέφεις στον λογικό Εαυτό και όλα γίνονται πάλι γνώριμα ή κάνεις την υπέρβαση ακολουθώντας μία νέα αίσθηση, μια άλλη πραγματικότητα.
Μπαίνεις σε αυτό που δεν μπορείς να ερμηνεύσεις, ούτε να πεις.
Όπως αυτό που έζησε ο Μωυσής όταν βρέθηκε πρόσωπο με πρόσωπο με τον Θεό.
Δεν λέει τι είδε.
Δεν θέλει να το κρύψει, μα δεν υπάρχουν λόγια που μπορούν να περιγράψουν την εμπειρία.
Και αφήνεσαι, νιώθεις τον κόσμο να στροβιλίζεται, να χάνει τη μορφή που μέχρι πριν λίγο σου ήταν οικία και γνώριμη.

Ξεδιπλώνεται μια άλλη πραγματικότητα.
Ένα παιχνίδισμα χρωμάτων, από τη μία ενώνονται παράγοντας νέες άγνωστες μορφές, την ίδια στιγμή ξεδιπλώνονται να γίνουν πάλι χρωματιστές ενέργειες.
Σαν τον χορό του Δερβίση. Δεν γνωρίζει ποια στιγμή πατάει στο έδαφος και είναι στον κόσμο των μορφών και πότε αιωρείται σε ένα αγκά-

λιασμα με το Υπέρτατο, το Αιώνιο.
Είσαι επάνω σε μία Πύλη. Ένα πέρασμα, που για κάποιο λόγο άνοιξε για να μείνει ανοιχτό για λίγο. Τόσο, όσο να πάρεις μία γεύση από αυτό που αιώνια συμβαίνει, αλλά αδυνατούν οι αισθήσεις να αντιληφθούν.
Και τότε γίνεσαι Μάγος. Έχεις συνδεθεί με την Πηγή. Την αιώνια Πηγή της γνώσης και της πραγματοποίησης όλων των πραγμάτων. Αισθάνεσαι να αλλάζεις συνειδητότητα.
Έχεις πια πρόσβαση να πάρεις στα χέρια σου ενέργειες που δεν μπορούσες πριν λίγο να διανοηθείς.
Είναι σαν να έκανες βουτιά στην αιώνια πηγή της ίδιας της ζωής.

Στο χέρι σου είναι να αλλάξεις τα πάντα σε όλα τα επίπεδα.
Σα Μίδας, ό,τι πιάνεις να γίνεται χρυσάφι.
Σα νεραιδάκι, να έχεις το μαγικό ραβδάκι και να μπορείς να μετατρέψεις την επόμενη στιγμή τα πάντα.
Αλλά στο τέλος, το μόνο που κάνεις είναι, σα μάγος, να σκύψεις, να υποκλιθείς, να φιλήσεις το έδαφος που είναι ευλογημένο και να συνεχίσεις τον δρόμο σου.
Αφήνοντας την Πύλη να ξαναβρεθεί στην λήθη για να ξανανοίξει στον επόμενο τυχερό που θα βιώσει, έστω και για λίγο, το απόλυτο.

ΕΚΕΙΝΗ Η ΜΑΓΙΚΗ ΣΤΙΓΜΗ

Δεν πρέπει να το ξεχνάς, στον Θεό δεν μπορείς να πας. Όταν είσαι έτοιμος αυτός έρχεται κοντά σου. Το ίδιο συμβαίνει και με τον δάσκαλο. Δεν μπορείς εσύ να τον επιλέξεις, δεν μπορείς να τον βρεις. Εσύ βέβαια θα πιστεύεις ότι τον επέλεξες ότι εσύ πήγες σε αυτόν. Αυτός σε κάλεσε. Έρχεται στη ζωή σου να κάνει συγκεκριμένα πράγματα. Πρέπει όμως να τα έχεις κερδίσει. Δεν θα σου χαρίσει τίποτα ακόμη και αν φανεί έτσι.

Μέχρι να έρθει, εκείνη τη στιγμή το μόνο που θα κάνει είναι να σου μιλάει και τίποτα άλλο.

Όταν όλα έχουν γίνει όπως πρέπει, όταν η στιγμή είναι κοντά, τότε τίποτα δεν μπορεί να χαθεί. Όλα θα γίνουν μαγικά, μοναδικά. Όσο και να θέλεις, τίποτα δεν μπορεί να γίνει πιο νωρίς.

Η στιγμή αυτή μπορεί να αργήσει μία, δύο ή ακόμη και πολλές ζωές. Όταν όμως έρθει εκείνη η στιγμή, τίποτα δεν μπορεί να σταματήσει το θαύμα που είναι να συμβεί για σένα.

Τότε όλα ανοίγουν, έρχονται να σταθούν δίπλα σου οι άγγελοι, ολόκληρο το σύμπαν διαλαλεί το γεγονός.

Όπως όταν γεννήθηκε ο Χριστός.

Κάποιες φορές είναι δύσκολο να αντέξεις κάποιους αποχωρισμούς.

Μα ο καλός Θεός φέρνει στη ζωή σου ανθρώπους που μπορεί να μην αντικαθιστούν αυτόν που έφυγε, μα μπορούν να σε βοηθήσουν να συνεχίσεις να προχωράς.

Συχνά για κάποια πράγματα διερωτάσαι γιατί..., αλλά όπως σοφά λέει ο Καζαντζάκης, αν όλα τα γιατί γινόντουσαν διότι, τότε τι αξία θα είχε η ζωή;

Ένα παιδί είναι ομορφότερο από τον πιο όμορφο άγγελο. Και αυτό είναι ό,τι πιο καλό μπορεί να συμβεί στη ζωή ενός ανθρώπου.

Όλα γαληνεύουν, όλα αλλάζουν, όλα ομορφαίνουν.

Τα πάντα αποκτούν άλλο νόημα, η ζωή, οι στόχοι, τα όνειρα, η πνευματικότητα, ο αγώνας, η αγάπη, ακόμη και η σχέση με τον Θεό.

Η ΠΡΩΤΗ ΑΡΕΤΗ

Να φοβάσαι τον άνθρωπο που δεν σέβεται τον λόγο του.
Είναι το ίδιο επικίνδυνος όσο ο ψεύτης.
Η τήρηση των υποσχέσεων είναι η πρώτη Αρετή.
Όλα τα άλλα έπονται.

Τα κακό είναι ότι ξεχάσαμε να περνάμε καλά.

ΕΝΑ ΒΗΜΑ ΠΙΟ ΒΑΘΙΑ ΜΕΣΑ ΣΟΥ

Λέμε ότι η χαρά βρίσκεται στα μικρά καθημερινά πράγματα. Κάνουμε προσπάθεια να το νιώσουμε, αλλά μάταια.

Τι χαρά μπορεί να έχεις κάνοντας αυτά που συχνά φαίνονται ανούσια; Φαγητό, πλύσιμο, καλημέρες με τους γείτονες, τον μανάβη, τον περιπτερά...

Φτάνεις να λες: «ε, ο καφές έχει κάποια απόλαυση, και το τσιγάρο και η στιγμή που κάνεις έρωτα» ή όταν σε κοιτάει μία όμορφη κοπέλα και λες μέσα σου: «ουφ, ακόμη περνάει η μπογιά μου. Όλα τα άλλα όμως πώς θα τα κάνω να έχουν χαρά;». «Μα είσαι βλάκας», ακούω μια φωνή μέσα μου.

«Βλάκας; Γιατί είμαι βλάκας» διερωτώμαι.

«Μα, αυτά από μόνα τους δεν θα δώσουν καμία χαρά αν η μεταμόρφωση δεν γίνει μέσα σου», ακούω πάλι τη φωνή μέσα μου.

«Μόνο όταν αισθανθείς ότι τα πάντα είναι ιερά. Όλα αυτά που μαζί τους θα περάσεις ολόκληρη τη ζωή σου. Αν αισθάνεσαι ότι πρέπει να τα ανέχεσαι και τίποτα άλλο, τότε έχασες τη ζωή, έχασες περιμένοντας τα σημαντικά, τα μοναδικά, που ίσως να έρθουν και ίσως να μην έρθουν» ξανά ακούω την φωνή να λέει.

«Όλα είναι ιερά», επαναλαμβάνω μέσα μου.

Και τότε σαν να άναψε ένα φωτάκι, ένιωσα ότι όλα είναι ο Θεός, ό,τι κάνεις, το κάνεις μαζί του.

Αν κάνεις ένα βήμα πιο βαθιά μέσα σου, αισθάνεσαι ότι αυτό που στην πραγματικότητα κάνεις κάθε μέρα είναι να συνδιαλέγεσαι μαζί του. Αυτόν πλένεις πλένοντας το πρόσωπό σου, αυτόν τρως μέσα από τα φαγητά, με αυτόν κάνεις έρωτα, αυτόν λες καθημερινά καλημέρα, στα πρόσωπα όσων συναντάς. Ό,τι κάνεις το κάνεις μαζί του.

Και τότε κατάλαβα τη διαφορά του θρήσκου με τον θρησκευόμενο.

Ο θρήσκος, αναζητά τον Θεό κάπου ψηλά, μακριά. Ο θρησκευόμενος τον συναντά παντού, μέσα και έξω.

Και εκείνη την στιγμή κοίταξα τον καφέ μου και είδα μέσα του τον Θεό, τον είδα και στα έπιπλα, στο φως της λάμπας, στα πρόσωπα που έδειχνε η τηλεόραση, στο γαύγισμα του σκύλου έξω, στα κάλαντα των παιδιών.

Και αισθάνθηκα καινούργιος άνθρωπος, αυτός που δεν αναζητά τον Θεό ψηλά, μα τον βλέπει συγκάτοικο στα πάντα.

«Δεν φτάνει μόνο αυτό» ξανάκουσα τη φωνή μέσα μου.

Θα πρέπει όχι μόνο να τον αισθάνεσαι παντού, μα και να μπορείς να τον αγαπάς, αγαπώντας ό,τι υπάρχει».

«Ναι είμαι βλάκας» επανέλαβα.

Το θέμα δεν είναι να ξέρεις ότι όλα τα έφτιαξε ο Θεός. Θα πρέπει να νιώθεις καθημερινά ευγνωμοσύνη για ό,τι έχεις, ακόμη και για ό,τι έχουν οι άλλοι.

Να νιώθεις χαρά που υπάρχουν πιο πλούσιοι από σένα, για αυτούς που έχουν παιδιά και θα κάτσουν το μεσημέρι όλοι μαζί να φάνε.

Για αυτούς που έχουν φίλους και τους νοιάζονται.

Να χαίρεσαι που υπάρχουν χαρούμενοι άνθρωποι.

Να χαίρεσαι που μπορείς όλα αυτά να τα βλέπεις.

Έτσι, χωρίς να κάνεις τίποτα άλλο, γίνεσαι καινούργιος άνθρωπος. Πιο ζωντανός, πιο χαρούμενος, πιο θεϊκός.

Γίνεσαι ένας άνθρωπος που αγαπά και χαίρεται με τα απλά καθημερινά πράγματα σε αυτήν την αιώνια συνδιαλλαγή με τον Θεό, που σε νοιάζεται και σε αγαπά.

Η ΣΑΡΡΑ ΓΕΩΡΓΙΑ ΑΖΙΖΑ

-Μα πώς το κάνεις αυτό μάμα;
Με κοίταξε και χαμογέλασε.
-Το κάνω διότι δεν βάζω όρια σε αυτό που κάνω, ήταν η απάντηση της.
Αυτή η ερώτηση επαναλήφθηκε δεκάδες φορές στη διάρκεια της ζωής μου.
Η απάντηση ήταν πάντα ίδια.
«Δεν βάζω όρια. Κάθε φορά που θα τα βάζεις, θα φτάνεις μέχρι εκεί που είναι τα όριά σου».

Η Σάρρα, για άλλους Γεωργία, για τον Ουρανό Αζίζα (αγαπημένη στα αιγυπτιακά) ήταν για μένα πάντα η μαμά. Ποτέ δεν την είπα με το όνομά της.
Ποτέ δεν την είδαμε να βάζει όρια σε τίποτα.
Κάθε συναίσθημα ήταν χείμαρρος. Την αγάπη που έδειχνε σε εμάς τα παιδιά της, την έδει-

χνε και σε όλους όσους αγαπούσε.
Ήταν ένα ποτάμι χωρίς τέλος.
Συχνά προσπαθώ να θυμηθώ την οικογένεια μου να τρώει χωρίς κάποιον καλεσμένο στο τραπέζι. Είναι μία εικόνα που δεν υπάρχει. Ποτέ δεν μας μετέφερε τα προβλήματα της. Ήταν σαν να μην υπήρχαν.
Αυτό έκανε εμένα και τα τρία αδέρφια μου να μην υπολογίζουμε τα προβλήματα.
Να μην τα θεωρούμε ποτέ αξεπέραστα.
Μια φορά επέστρεψα στο σπίτι λυπημένος.
Με είδε, χαμογέλασε, έβαλε στο ράδιο ένα τσιφτετέλι και μου χόρεψε.
Της άρεσε ο χορός, ποτέ δεν δίσταζε να χορεύει. Κουνούσε το σώμα της σαν γνήσια Αιγύπτια.
Κάθε φορά που χόρευε με πλησίαζε, με κοιτούσε με τα μάτια της και μου έλεγε:
-Αυτός ο χορός είναι για σένα!
Αυτό με έκανε να γελάω.
Όταν τελείωνε τον χορό της μου έλεγε:
-Να είσαι χαρούμενος, και η αγάπη θα ξαναέρθει στη ζωή σου. Η αγάπη δεν χωράει στην λύπη, ούτε στο βάζο, ούτε κλεισμένη στο σπίτι. Η αγάπη είναι ποτάμι και ρέει.

-Χώρισες ε; με ρώτησε.
Την κοίταξα σαν χαζός, γιατί αυτό είχε συμβεί. Μόλις είχα χωρίσει από μία σχέση.

-Είμαι σίγουρη ότι εσύ φταις. Μάθε να μην κρατάς κρυμμένα χαρτιά στη σχέση σου.

Η αγάπη δεν είναι τράπουλα. Από την πρώτη στιγμή να έχεις όλα τα χαρτιά σου ανοιχτά. Δεν ανταγωνίζεσαι, δεν προσπαθείς να κερδίσεις. Στο παιχνίδι κάποιος κερδίζει και κάποιος χάνει.

Στην αγάπη θα πρέπει και οι δύο να είναι κερδισμένοι.

Τα ίδια άκουγα να λέει και σε όποιον ερχόταν να ζητήσει τη βοήθειά της.

«Να είσαι χαρούμενος και όλα θα πάνε καλά», έλεγε.

«Να μη φοβάσαι, ο φόβος σε πάει στην ήττα».

Δεν δίσταζε να σηκώσει το τηλέφωνο για να διεκδικήσει για άλλους αυτό που οι ίδιοι δεν τολμούσαν. Έπαιρνε μητέρες για το δίκιο των παιδιών και παιδιά για τις αγωνίες των γονέων.

Δεν επέτρεψε ποτέ να έχει όριο.

Είμαι το δώρο σας, μας έλεγε. Γι' αυτό ο Θεός με έστειλε χριστουγεννιάτικα στη γη.

Με έστειλε σαν δώρο σε σας, για να σας κάνω να χαίρεστε.

Έτσι έζησε μέχρι το τέλος. Έτσι την θυμάμαι.

Συχνά οι γονείς νιώθουν αμήχανοι με τα παιδιά τους. Στο δικό μας σπίτι πάντα γινόταν το αντίθετο. Εμείς τα παιδιά, νιώθαμε αμήχανα μπροστά της. Ποτέ δεν έβαλε όριο στα όνειρά μας, ούτε στην αγάπη που μας έδειξε. «Θα ξανάρθω, θα επιστρέψω κοντά σου. Να ξέρεις οι άνθρωποι που αγαπιούνται θεώνονται μαζί» μου είπε χαμογελώντας μερικά χρόνια πριν φύγει.

Από τον θάνατό της και μετά, κάθε παιδί που έρχεται κοντά μου, το κοιτώ και το ρωτάω: «Μαμά, εσύ είσαι;»

Αλλά τα παιδιά ξέρουν να παίζουν, γιατί πάντα χαμογελούν και σε μπερδεύουν.

Σαν σήμερα, στις *25.12.1925* γεννήθηκε η Σάρρα Γεωργία Αζίζα για να γίνει στην συνέχεια η δική μου μητέρα.

Η ΔΙΑΔΡΟΜΗ

Να στρέφουμε την προσοχή μας μόνο σε πράγματα που αγαπάμε. Ό,τι μπαίνει στην καρδιά μας βγαίνει στη ζωή μας.

ΌΤΑΝ ΒΡΕΘΕΙΣ ΣΤΟ ΚΕΝΤΡΟ ΣΟΥ

Μέσα στον άνθρωπο υπάρχουν τρία επίπεδα. Η σκέψη, το συναίσθημα, η ύπαρξη. Με τη βοήθεια της σκέψης μπορείς να κάνεις όνειρα, να προγραμματίζεις, να ελέγχεις. Μέσα από τη σκέψη δεν μπορείς να αγαπήσεις, δεν μπορείς να ερωτευτείς. Όταν αισθανθείς την αγάπη να σε κατακλύζει, όταν νιώσεις ερωτευμένος, η σκέψη πάει περίπατο. Αυτό που σε νοιάζει είναι αυτό που αισθάνεσαι.

Στα πρώτα δύο υπάρχει ανάγκη να γίνει κάτι.

Ό,τι πετύχεις στη ζωή σου, έχει ανάγκη αναγνώρισης, επιβράβευσης.

Όταν αγαπήσεις ή ερωτευτείς, έχεις ανάγκη επιβεβαίωσης.

Όμως όταν βρεθείς στο κέντρο σου, στην ύπαρξή σου, τότε όλα χάνουν την ανάγκη να επιβραβευθούν, να επιβεβαιωθούν.

Όταν βρεθείς στο κέντρο, στην ύπαρξή σου, τότε και η σκέψη και το συναίσθημα είναι λίγα. Όλα αλλάζουν.

Δεν σημαίνει ότι δεν έχεις ανάγκη τους ανθρώπους, δεν σταματάς να κάνεις όνειρα, δεν παύεις να αγαπάς, δεν σταματάει ο έρωτας. Στο κέντρο, όλα αλλάζουν, αποκτούν νόημα, φως, ποιότητα, ζωή.

Ό,τι και αν κάνεις, ό,τι και αν σκέφτεσαι, ό,τι και αν αισθάνεσαι, δεν μπορεί να αλλάξει την ευτυχία που νιώθεις, τη γαλήνη που αισθάνεσαι, την ολοκλήρωση που βιώνεις.

Και τότε, επειδή είσαι εσύ, χωρίς την ανάγκη να είσαι κάτι άλλο, συμβαίνει, τώρα που δεν έχεις ανάγκη από τίποτα, όλα να έρχονται στη ζωή σου.

Έρχονται, διότι πια δεν αποκρούεις τίποτα. Δεν πολεμάς, είσαι ανοιχτός στα πάντα.

Όλα κινούνται προς εσένα χωρίς καμία αντίσταση, όπως ο άνεμος που περνά μέσα και από την μικρότερη χαραμάδα.

Όταν λειτουργείς στα πρώτα δύο επίπεδα, ο κόσμος είναι διαχωρισμένος, τα πάντα είναι διαφορετικά.

Όταν βρεθείς στο κέντρο, τότε όλα έχουν σχέση, το ένα συμπληρώνει το άλλο και όλα είναι κομμάτια του όλου.

Πώς είναι δυνατόν να υπάρχει κάτι διαφορετικό από τον κόσμο που σε περιβάλει;

Πώς είναι δυνατόν να υπάρχει κάτι έξω, πάνω ή κάτω από τον Θεό;

Όλα είναι κομμάτια του, αναπόσπαστα μέλη του.

Και όταν γίνει η έκρηξη μέσα σου τότε αν και είσαι ακόμη εδώ, ζεις στον παράδεισο.

Τότε καταλαβαίνεις ότι η αγάπη που είναι πάνω από όλα, την μόνη ανάγκη που έχει είναι η αγάπη.

ΜΗΝ ΑΝΑΖΗΤΑΣ ΚΑΤΙ ΠΟΥ ΔΕΝ ΕΙΣΑΙ

Συχνά προσπαθείς να μοιάσεις με τον έναν ή τον άλλον.
Με αυτόν τον τρόπο αναζητάς κάτι που δεν είσαι.
Έτσι βρίσκεσαι σε έναν φαύλο κύκλο που δε οδηγεί πουθενά.
Αυτό που πρέπει να κάνεις, ο λόγος που βρίσκεσαι στη γη, είναι να γίνεις ο εαυτός σου.
Να ανακαλύψεις τις δικές σου δυνατότητες, τα δικά σου χαρίσματα. Και αυτό συμβαίνει όταν μείνεις ανοιχτός, χαλαρός, χαρούμενος, ρευστός.
Τότε, όλα έρχονται στην επιφάνεια μόνα τους.
Ο σπόρος δεν αγωνιά αν θα γίνει δένδρο. Έτσι κι αλλιώς θα γίνει. Αυτός είναι ο προορισμός του. Θα βγάλει ρίζες και σιγά σιγά ακολου-

θώντας το φως, θα φτάσει στο ύψος και στο μέγεθος που πρέπει.

Μην αναλώσεις τη ζωή σου για να αποδείξεις κάτι. Ο Θεός έκανε κάθε πράγμα να έχει τη δική του γεύση, τη δική του ομορφιά, τη δική του μοναδικότητα. Αποδέξου τη μοναδικότητά σου και άφησε τον εαυτό σου να βρει τη δική του αποστολή.

Και τότε, όλα θα είναι όμορφα για σένα και για όσους βρίσκονται κοντά σου.

ΦΤΙΑΞΕ ΕΝΑ ΟΝΕΙΡΟ

Κάθε άνθρωπος αναζητά ποιος είναι.
Η απάντηση δεν είναι στο παρελθόν, αλλά στο παρόν.
Εκεί πρέπει να αναζητήσεις όλα αυτά που κουβαλάς, που είσαι.

Κάθε προσπάθεια να ανακαλύψεις την αλήθεια πίσω, είναι σαν να αναζητάς ένα πρόσωπο που δεν είναι πια εσύ.
Η σχέση είναι όση μπορεί να υπάρχει μεταξύ ενός αιωνίου πνεύματος και ενός κρανίου που απλά κάποια στιγμή της αιωνιότητας το χρησιμοποίησε για μια ελάχιστη στιγμή του Χρόνου.
Το πρόσωπο, η σοφία, η επίγνωση, τα συναισθήματα, δεν έχουν καμία σχέση πια μαζί του.

Ονειρεύομαι ότι είμαι ευτυχισμένη.

Δεν καταλαβαίνω τι εννοείς όταν λες ότι ονειρεύεσαι, ότι είσαι ευτυχισμένη.
-Ναι το ονειρεύομαι, για να γίνω ευτυχισμένη, μου απαντά.
-Δηλαδή αυτό κατάλαβες όταν λέω ονειρέψου;
-Βεβαίως, φαντάζομαι ότι ζω σε ένα μεγάλο σπίτι, και αφήνω τον εαυτό μου να αισθανθεί ευτυχισμένα. Πού είναι το κακό σε αυτό;
-Μετά τι κάνεις;
-Δεν κάνω τίποτα!
-Αν αυτό σε ευχαριστεί καλά κάνεις. Αυτό όμως δεν οδηγεί πουθενά. Εγώ όταν λέω ονειρέψου, δεν εννοώ αυτό. Δεν λέω φτιάξε ένα όνειρο και ζήσε αποκομμένη στη φαντασία σου. Λέω, κάνε το όνειρο και οδήγησέ το κάπου. Όχι μόνο στη φαντασία. Η φαντασία ενεργοποιείται από την επιθυμία. Αυτή πρέπει να σε παρακινήσει σε δράση. Το όνειρο να είναι αυτό που θα αφυπνίσει τη θέληση, η οποία με τη σειρά της θα αφυπνίσει τη δύναμη.
Αυτό να πλαισιωθεί από αγάπη. Ο στόχος είναι να γεμίσεις με σιγουριά. Όλα μαζί στη συνέχεια θα πρέπει να ενεργοπυιήσουν τη ζωή σου ώστε το όνειρο να γίνει πραγματικότητα.
Η εσωτερική σου πραγματικότητα πρέπει να γίνει οδηγός στην ίδια τη ζωή.

Στη συνέχεια τον λόγο έχουν οι σκέψεις.

Αυτές θα βοηθήσουν στην πραγματοποίηση του ονείρου. Όλη αυτή η διαδικασία πρέπει να βρει διέξοδο στην ίδια τη ζωή. Αλλιώς καταναλώνεις τη δύναμή σου σε ανούσια και φανταστικά πράγματα. Ο Ονειρευτής δεν ζει στο όνειρο. Είναι μάγος, αλχημιστής. Χρησιμοποιεί το όνειρο σαν μέσο για να φτάσει κάπου. Είναι αυτός που μαγικά θα ανοίξει το πέρασμα που θα ενώσει τον κόσμο των ονείρων με τον δικό μας κόσμο. Δεν φαντάζεται τον εαυτό του βασιλιά, πλούσιο, ευτυχισμένο. Χρησιμοποιεί τη φαντασία για να φτιάξει το όνειρο και μετά βλέπει τον εαυτό του και τον παρακινεί να κάνει το όνειρο πραγματικότητα. Το όνειρο από μόνο του είναι Σαμσάρα, «Ψευδαίσθηση». Χρησιμοποιεί το όνειρο για να περάσει, να δημιουργήσει, να ζήσει, να απολαύσει και στο τέλος να δοξάσει τον Θεό για τη νίκη του. Και τότε αισθάνεται ικανοποίηση.

Δεν νιώθει ευτυχισμένος επειδή πέτυχε μία νίκη σε υλικά πράγματα. Δεν νιώθει ευτυχισμένος διότι απέκτησε ένα σπίτι.

Η ευτυχία έχει σχέση με ανθρώπους, με τον Θεό, όχι με υλικές επιτυχίες.

Αν νιώθεις ευτυχισμένη με ένα σπίτι, τότε με ποιο συναίσθημα θα αξιολογήσεις την αγάπη;

Ονειρέψου, μα ποτέ μην μένεις στο όνειρο.

Ποτέ μην επιτρέψεις να γίνεις εσύ μέρος του ονείρου. Για σένα θα πρέπει το όνειρο να γίνει πραγματικότητα.

Αλλιώς, απλά θα ζεις μέσα σε μία ψευδαίσθηση και τίποτα άλλο.

ΑΥΤΟΙ ΟΝΟΜΑΖΟΝΤΑΙ ΟΝΕΙΡΕΥΤΕΣ

Η Πίστη δυναμώνει μέσα από μία ιδέα, ή από ένα όραμα.

«*Εάν έχητε πίστιν ως κόκκον σινάπεως, ερείτε τω όρει τούτω, μετάβηθι εντεύθεν εκεί, και μεταβήσεται*»

(ΜΑΤΘ. ΙΖ' 20)

«*Η πίστις, εάν μη έργα έχει, νεκρά εστί καθ' εαυτήν*»

(ΕΠΙΣΤΟΛΗ ΙΑΚΩΒΟΥ ΑΠΟΣΤΟΛΟΥ)

«*Δείξον μοι την πίστην σου εκ των έργων σου, και εγώ θέλω σοι δείξει εκ των έργων μου την πίστην μου*»

(ΕΠΙΣΤΟΛΗ ΙΑΚΩΒΟΥ ΑΠΟΣΤΟΛΟΥ)

Η πίστη χωρίς μία ιδέα, χωρίς ένα όραμα δεν έχει ορμή, δεν έχει δύναμη.
Δεν μπορεί να μεταβάλει, να κάνει θαύματα.
Οι περισσότεροι άνθρωποι την χρησιμοποιούν μόνο λεκτικά. Συχνά για να δώσουν έμφαση σε μια εδραιωμένη πεποίθηση που έχει ανάγκη επιβεβαίωσης.
Σπάνια συνοδεύεται με μία ενεργητική πράξη.
Από μόνη της η πίστη, δεν έχει πάθος, δεν είναι ποτάμι, δεν γίνεται χιονοστιβάδα, δεν μεταβάλλει.

Καθημερινά περνάνε από το μυαλό μας δεκάδες ή ακόμη και εκατοντάδες ιδέες. Πιο σπάνια, ιδέες, έρχονται στην επιφάνεια του νου από τη διάνοια. Αυτές, έχουν μία άλλη ποιότητα. Διεγείρουν αισιόδοξα αισθήματα. Όταν συμβεί αυτό, ενεργοποιείται η φαντασία, και η ιδέα αρχίζει να μετατρέπεται σε όνειρο.
Και εδώ είναι η διαφορά ανθρώπου με άνθρωπο.
Οι περισσότεροι θα μείνουν στο ονειροπόλημα. Αυτοί θα μεταφέρουν το όνειρο από τη μία ζωή στην άλλη.
Η ονειροπόληση από μόνη της είναι πάθηση, νόσημα. Για τους περισσότερους η ζωή χάνεται σε αυτό το στάδιο. Είναι σαν τα αρθριτικά, τα έχεις, και ζεις με αυτά.

Κάποιοι άλλοι όμως δεν είναι έτσι. Αυτοί μπορούν να περάσουν στα επόμενα στάδια. Αυτοί ονομάζονται Ονειρευτές.

Το όνειρο για τον Ονειρευτή, είναι το πιο αληθινό πράγμα που υπάρχει.

Δεν είναι μέρος στο ονειροπόλημα, είναι αυτός που το κάνει.

Δεν αισθάνεται δημιούργημα, είναι δημιουργός.

Το ονειροπόλημα σε αυτόν τον άνθρωπο γίνεται αλήθεια, στα χέρια του μετατρέπεται σε έργο.

Ο Ονειρευτής αφήνει τον εαυτό του να παρακινηθεί.

Δεν λέει, είμαι λίγος, μεγάλος, μικρός, μορφωμένος, αμόρφωτος, άσχημος, αδύναμος, χοντρός, λιγνός.

Καμία δικαιολογία δεν θα υπάρξει για να τον σταματήσει. Γι' αυτόν το ονειροπόλημα παρακινεί μέσα του νέα συναισθήματα, περιέργεια, ενθουσιασμό, χαρά, ικανοποίηση, αγωνία.

Είναι σαν να βλέπει ταινία στον κινηματογράφο.

Έτσι το όνειρο περνά σε ένα πιο γόνιμο επίπεδο και γίνεται Όραμα.

Το όραμα είναι το τελευταίο στάδιο της εσωτερικής διεργασίας. Από εκεί και μετά η ιδέα είναι έτοιμη να περάσει στον φυσικό κόσμο.

Και τότε χρειάζεσαι την Πίστη.

Την πίστη ότι μπορείς να τα καταφέρεις.

Ότι μπορείς το όραμα από τον ιδεατό κόσμο, να το φέρεις στον κόσμο των φαινομένων.

Είναι η στιγμή όπου συμβαίνει μία μεταμορφωτική ανύψωση του οράματος. Και όταν συμβεί η υλοποίηση, εκτρέπει τη ζωή και το πεπρωμένο.

Έχει κάνει την υπέρβαση, έχει αποδείξει στον εαυτό του, στους Αγγέλους, στον Θεό ότι μπορεί.

Του δόθηκε μία Ιδέα, την έκανε Όνειρο, την άφησε να γίνει Όραμα και με την δύναμη της Πίστης την έκανε Αλήθεια.

Ας μετατρέψουμε τον εαυτό μας σε ονειρευτή.

Ας πάψουμε να είμαστε μέρος του ονείρου.

Ας γίνουμε αυτός που το φτιάχνει, το διαμορφώνει, το κάνει πράξη, του δίνει σάρκα και οστά.

Γιατί μπορούμε, γιατί βρισκόμαστε σε θεϊκή αποστολή, γιατί είμαστε θεϊκά πλασμένοι.

Για ένα όμορφο πρωινό, μιας όμορφης μέρας που κρύβει μέσα της ιδέες, όνειρα, οράματα. Παιδιά δικά μας, σταλμένα όμως από τον Θεό που περιμένουν να γεννηθούν, να γίνουν πράξη, αλήθεια, και χαμόγελο.

Η ΔΙΚΗ ΣΟΥ, ΜΟΝΑΔΙΚΗ, ΑΠΟΣΤΟΛΗ

Ώριμος δεν είναι αυτός που γνωρίζει πολλά πράγματα. Είναι αυτός που ανακάλυψε τον εαυτό του. Κάθε φορά που κάποιος μιμείται κάποιον άλλον, επιστρέφει στην εφηβεία. Αυτό δεν τον κάνει αυθεντικό, δεν τον οδηγεί κάπου. Δείχνει ότι κάτι έχει μείνει ανολοκλήρωτο, ότι ακόμη δεν έχει μεγαλώσει. Μπορεί να είναι ογδόντα, μα στην πραγματικότητα είναι ακόμη έφηβος.

Όταν επιλέγουμε να δείχνουμε κάτι που δεν είμαστε, αυτό έρχεται πάντα από έξω.
Κρύβουμε τον εαυτό μας.
Κρύβουμε αυτό που ο Θεός μας δώρισε.
Κρύβουμε έναν τεράστιο θησαυρό, ακόμη και αν μιμούμαστε έναν άγιο, έναν σοφό άνθρωπο.

101

Συχνά, αυτό συμβαίνει μέσα από λαθεμένη εκπαίδευση.

Μέσα από μια ρηχή παιδεία.

Συμβαίνει σε ανθρώπους που δεν μπόρεσαν να βρουν τα δικά τους ιδανικά.

Που δεν μπόρεσαν να ανακαλύψουν τον δικό τους θησαυρό.

Για να μπορέσει κάποιος να αισθανθεί στο κέντρο του θα πρέπει να βρει τη δική του φύση. Ποτέ πριν δεν θα νιώσει ικανοποιημένος, ποτέ δεν θα αισθανθεί αληθινά χαρούμενος, ευτυχισμένος.

Όταν κάποτε βρεθούμε απέναντι από τον Θεό, φανταστείτε να τον ακούσουμε να ρωτάει τον ελέφαντα: «γιατί δεν έγινε σκύλος», το λουλούδι: «γιατί δεν έγινε δένδρο», τον λόφο: «γιατί δεν έγινε βουνό», τον άνθρωπο: «γιατί δεν έγινε Χριστός, Βούδας, Σωκράτης, Ηρακλής».

Μία ερώτηση θα κάνει.

Θα ρωτήσει γιατί δεν τίμησες το δώρο του, γιατί αρνήθηκες τη δική σου αποστολή, γιατί αντέγραψες κάτι, κάτι που δεν είσαι.

Μπορεί κάποιος να επηρεαστεί βαθιά από τα λόγια ενός σοφού ανθρώπου.

Αυτά τα λόγια μπορεί κάποιος να τα εντάξει

στη δική του ζωή, ώστε να συμπληρώσουν τον δικό του δρόμο, ώστε να προβληματίσουν, να γίνουν εκπαίδευση, εφόδια.

Τίποτα περισσότερο.

Άφησε την καρδιά σου να αφουγκράζεται τις διδαχές των μεγάλων και σημαντικών ανθρώπων, αλλά μείνε σταθερός στην πορεία του δικού σου δρόμου.

Ανακάλυψε τη δική σου αυθεντικότητα, τη δική σου ύπαρξη. Ανακάλυψε τον θησαυρό που ο Θεός σου χάρισε στη δική σου μοναδική θεϊκή αποστολή.

Ανακάλυψε τον μοναδικό δρόμο του κάθε αγίου, του κάθε θεανθρώπου στη δική του μοναδική θεϊκή αποστολή.

ΑΡΕΤΕΣ

Φέρνουμε μαζί μας όλη αυτή τη δημιουργική ικανότητα της θεϊκής πλευράς. Η εκπαίδευση όμως που έχουμε δεχθεί, φέρνει στην επιφάνεια την πιο σκοτεινή πλευρά του Είναι. Είμαστε αιχμάλωτοι μια άθλιας περιγραφής του κόσμου.

Όλος ο πόνος της φυσικής κληρονομιάς, οι πόλεμοι, οι δυστυχίες, οι αρρώστιες είναι μέσα στην εκπαίδευση που στερεί από τον καθέναν τις δημιουργικές και μοναδικές ικανότητες που έχει.

Ο πόνος και η δυστυχία, έχουν γίνει πεποίθηση, καταστροφική σκέψη.

Όλα αυτά μάθαμε να τα θεωρούμε ως τοίχο προστασίας.

Κάτω από αυτή την εκπαίδευση κτίζουμε τοίχους σε κάθε τι.

Είναι τραγικό να πιστεύουμε ότι για όλα φταίει ο κόσμος και το σύστημα. Έχουμε ευθύνη για την ύπαρξή του συνεχίζοντας να συντηρούμε αυτές τις πεποιθήσεις.

Το μόνο που πετυχαίνουμε με αυτόν τον τρόπο, είναι να βλάπτουμε τον εαυτό μας και στη συνέχεια τους άλλους.

Αυτός ο προστατευτικός κλοιός, έχει εξορίσει όλες τις δημιουργικές ικανότητες στις εσχατιές της ύπαρξης.
Το κλείσιμο, ωθεί στη δυστυχία, στον πόνο, στη μοναξιά, στην αθλιότητα.
Το άνοιγμα, φέρνει μαζί του λύσεις, ευτυχία, χαμόγελο, επιτυχία, πνευματικότητα.

Αν είχαμε εκπαιδευτεί να εμπιστευόμαστε τον εαυτό μας, τότε θα φέρναμε στην επιφάνεια όλα τα δημιουργικά κομμάτια του Είναι.
Η διαδικασία της εσωτερικής μεταμόρφωσης αρχίζει όταν αναλάβει ο καθένας τη δική του ευθύνη.

Μιλάμε με θαυμασμό για όσους είναι χαμογελαστοί, δεκτικοί, ανοιχτοί. Σαν να μιλάμε για γλύπτες και μεγάλους καλλιτέχνες.
Όμως αυτά είναι φυσικά γνωρίσματα που έχουμε όλοι.
Το φυσικό μας σώμα είναι ο αδιάψευστος

μάρτυρας της ευτυχίας και της δυστυχίας.

Ένας άνθρωπος για να εξαθλιώσει το σώμα του σε τέτοιο βαθμό, πρέπει πρώτα να βεβηλώσει την ίδια του την ύπαρξη.

Ένα σώμα που θα έπρεπε να δονείται από χάρη, υγεία, ενέργεια, χαρά, καταλήγει να είναι γεμάτο προβλήματα, αρρώστιες, πόνους.

Ανησυχούμε, αμυνόμαστε, προστατεύουμε ακόμη και αυτά που δεν έχουν ανάγκη προστασίας.

Μιλάμε διαρκώς για την ηθική μας, σαν να πρέπει να ξεχωρίσουμε από όλους τους άλλους.

Δηλώνουμε διαρκώς την αλήθειά μας σαν όλοι οι άλλοι να είναι, εξ ορισμού, ψεύτες.

Ο Ήλιος δεν έχει ανάγκη να μιλάει για το φως του, δεν έχει λόγο να δικαιολογήσει τίποτα γι' αυτό.

Στην πραγματικότητα αποποιούμαστε κάθε ευθύνη μόνο και μόνο για να παραμείνουμε όπως είμαστε, κατηφείς και δυστυχείς.

Αναπτύσσοντας τις Αρετές μας, δεν έχουμε λόγο να κτίζουμε τείχη. Οι ίδιες οι Αρετές είναι ένα αόρατο τείχος από φως. Ένα τείχος από Φως που προστατεύει αν χρειαστεί, που ανοίγει κάθε δυνατότητα, που δεν κλείνει, δεν μαζεύει.

Αν γίνουμε αγάπη, δεν έχουμε λόγο να την αναζητούμε.

Αν γίνουμε αλήθεια, δεν έχουμε λόγο να αναζητάμε την αλήθεια.

Αν γίνουμε πόλος φωτός και καλοσύνης, δεν έχουμε λόγο να αναζητάμε φίλους.

Αυτό που μας θωρακίζει δεν είναι η προστασία, αλλά οι Αρετές.

Ποιανού τα όνειρα ακολουθούμε;

Είσαι Χαρισματικός; Να μια ερώτηση.
Διαλογίσου σήμερα στον λίγο χρόνο που έχεις, κι αναρωτήσου αν συγκαταλέγεις τον εαυτό σου στους χαρισματικούς ανθρώπους.
Είσαι και εσύ λοιπόν, ένας;
Είσαι;

Ποιος άραγε καθόρισε τα όρια μας;
Εμείς; Το σύμπαν, οι γονείς, ποιος;
Κανένα παιδί δεν μπορεί να καθορίσει τα όριά του. Δεν έχει την ικανότητα. Δεν έχει τις προϋποθέσεις, ούτε την εμπειρία.
Τα όρια μπαίνουν πάντα από τους γονείς. Και αυτά, καθορίζονται από τις δικές τους φιλοδοξίες, από τους προσωπικούς τους φόβους, από τον φόβο μην συμβεί κακό στο παιδί τους

και από το τι θα πουν οι άλλοι.

Είναι αυτό ακριβώς που έκαναν οι δικοί τους γονείς στους ίδιους. Είναι αυτό που μάθαμε και συνεχίζουμε να κάνουμε και εμείς στα δικά μας παιδιά.
Αν ανακαλέσουμε στην μνήμη, τις δικές μας υπερβάσεις, τότε θα ανακαλύψουμε μια σημαντική λεπτομέρεια. Σε καμία δεν ήταν παρών κάποιος από τους γονείς μας.
Δεν μας έβλεπαν όταν ανεβήκαμε στην κορυφή του δένδρου.
Ούτε όταν σκαρφαλώσαμε στον βράχο.
Ούτε όταν σκύψαμε να δούμε τον γκρεμό.
Ούτε όταν παίξαμε τις πρώτες μπουνιές.
Ούτε όταν κοροϊδεύαμε τον δάσκαλο, που νόμιζε ότι τα ξέρει όλα.

Όλοι μας ήμασταν εξαρτημένοι από τη διάθεση, τους φόβους, τις αναστολές, τις κοινωνικές δεσμεύσεις, τις φιλοδοξίες των γονιών.
Σπάνια είχαμε το δικαίωμα να έχουμε άποψη. Σπάνια ρωτηθήκαμε για το φαί που θέλαμε να φάμε ή να μην φάμε.

Για τη διασκέδασή μας πόσες φορές μπορέσαμε να έχουμε άποψη;
Οι γονείς έμαθαν από τους δικούς τους γονείς, ότι για να είναι καλοί γονείς θα έπρεπε να

τα γνωρίζουν όλα.
Σχεδόν το ένα τέταρτο από τη ζωή καθορίστηκε από αυτούς.
Και μετά, κάποιοι από μας, αν όχι όλοι, περάσαμε την υπόλοιποι ζωή μας προσπαθώντας να καταλάβουμε ποιανού όνειρα ακολουθούμε.

Μα ας πάμε σε μας. Είμαστε χαρισματικοί άνθρωποι;
Είμαι;
Είσαι;
Πριν απαντήσεις, αναλογίσου όλη αυτή τη γνώση που κουβαλάς. Χιλιάδες χρόνια, χιλιάδες ζωές, χιλιάδες εμπειρίες, χιλιάδες πόνους, χιλιάδες χαρές, χιλιάδες υπερβάσεις.
Όχι μόνο εμείς, μα και το σώμα μας. Εκατομμύρια χρόνια εμπειρίας και γνώσης, αποθηκευμένα μέσα στα κύτταρά μας.
Είναι δυνατόν μια τέτοια εμπειρία να μην ανήκει σε κάποιον απόλυτα χαρισματικό άνθρωπο.
Δηλαδή σ' εσένα;
Άραγε υπάρχει ζωή που δεν ήσουν παιδί, γονιός, αδερφός, πολεμιστής, γεωργός, ιερέας, πλούσιος, φτωχός, σκλάβος, αφέντης, καλλιτέχνης, ζωγράφος, κολυμβητής, βοσκός, ψαράς, μύστης;
Υπάρχει περίπτωση κάποιος δικός σου πρόγονος που να μην ήταν;

Είναι δυνατόν να συναγωνίστηκες κάποια δισεκατομμύρια άλλα σπερματοζωάρια, να βγήκες πρώτος και να μην είσαι χαρισματικός; Δεν είναι δυνατόν!

Είναι δυνατόν να στάλθηκες τυχαία στη γη; Είναι δυνατόν να μην έχεις θεϊκή αποστολή; Δεν είναι δυνατόν!
Μπορεί το σώμα σου να ανήκει σε κάποιον που δεν είναι χαρισματικός;
Δεν είναι δυνατόν!
Μα επειδή δεν φαίνεται η καρδιά σου, κλείσε τα μάτια και νιώσε την να πάλλεται, να αγαπά, να αναριγεί στο πάθος, στην ένταση, στον έρωτα.
Μπορεί αυτή η καρδιά να ανήκει σε κάποιον που δεν είναι χαρισματικός;
Δεν είναι δυνατόν!

Νιώσε μετά τις σκέψεις σου. Όχι αυτές που σε φοβίζουν, αυτές είναι μέσα στο μυαλό σου.
Νιώσε τις άλλες, τις όμορφες, τις φωτεινές. Αυτές που έχουν αρετές.
Αυτές που βρίσκονται μέσα στην ψυχή σου. Και μην νομίζεις πως δεν υπάρχουν γιατί γέρασες, ή πόνεσες, ή απογοητεύτηκες, ή τέλος γιατί κάποιος ανόητος δεν μπόρεσε να δει αυτό που πραγματικά είσαι. Νιώσε τον θησαυρό που κρύβεις, που είναι εκεί και περιμένει.

Μπορεί αυτές οι σκέψεις να ανήκουν σε κάποιον που δεν είναι χαρισματικός; Δεν είναι δυνατόν!

Για όλα αυτά τα πράγματα που κουβαλάς μαζί σου χρειάζεται ακόμη μια προσπάθεια. Και τότε θα ανακαλύψεις ότι μόνο το σύμπαν έχει όρια, όχι Εσύ!

Γιατί εσύ είσαι φτιαγμένος θεϊκά, σε θεϊκή αποστολή, που μόνο ένας χαρισματικός όπως εσύ μπορεί να έχει.

ΛΙΓΑ ΛΟΓΙΑ ΓΙΑ ΤΟΝ ΣΥΓΓΡΑΦΕΑ

Ο Ιωσήφ Ουζιέλ είχε την ευλογία να επιστρέψει σε αυτή την κατάβαση μέσα από δύο γονείς με διαφορετική κουλτούρα.

Η μητέρα του, Σάρρα Γεωργία-Αζίζα, χαρισματικό μέντιουμ, έπαιξε σημαντικό ρόλο στην διαμόρφωση των πεποιθήσεών του.

Στην διαδρομή του, έχει δει να συμβαίνουν πολλά θαύματα στην δική του ζωή, αλλά και στις ζωές όσων έχουν ακολουθήσει την Διδασκαλία του.

Κοινό χαρακτηριστικό σε όλες τις περιπτώσεις, ήταν η θέληση των ανθρώπων, αλλά και η παρουσία του Θεού.

Μέσα από μία ιδιαίτερη μαθητεία, πλάι στην μητέρα του, κατανόησε ότι δεν υπάρχει κάτι που είναι αδύνατο, για όποιον θέλει και επιθυμεί να πετύχει κάτι που πιστεύει σε αυτό.

Είναι και ο ίδιος ένα πολύ χαρισματικό Μέντιουμ που ασχολείται με την αστρολογία, διδάσκει υπερβατικό διαλογισμό και τεχνικές αυτοβελτίωσης.

Παράλληλα, βοηθά τους ανθρώπους να εμπιστευτούν τις ικανότητες τους, να ανακαλύψουν τα ταλέντα τους, αλλά και τα χαρίσματα που υπάρχουν μέσα τους.

Κάθε καλοκαίρι διοργανώνει σεμινάρια, φανερώνοντας στους συμμετέχοντες τον τρόπο με τον οποίο μπορεί κάποιος να αξιοποιήσει τις Ενέργειες και το Φως που κρύβουν ιδιαίτεροι Τόποι Δύναμης.

www.ingramcontent.com/pod-product-compliance
Lightning Source LLC
Chambersburg PA
CBHW022146160426
43197CB00009B/1450